Guido hat eine tolle Idee: Ein eigener Fußballplatz muss her! Die Coolen Kicker Guido, Jan und Frank sind mit Feuer und Flamme bei der Sache. Tatsächlich finden sie eine geeignete Wiese. Doch schon bald machen ihnen Neidhammel das Leben schwer. Als ihre Einweihungsfete mit Feuerwerkskörpern auseinander gesprengt wird, reicht es ihnen. Sie legen sich nachts in ihrem selbst gebauten Klubhaus auf die Lauer, um die feigen Angreifer zu entlarven …

Winkler & Winkler

1:0 für Coole Kicker

UEBERREUTER

Winkler & Winkler

ist ein generationsübergreifendes Projekt. Ralph Winkler war bereits in den 30er-Jahren erfolgreich bei Hertha in Berlin, sein Sohn Dieter verfasst Kinder- und Fernseh-Drehbücher und sein Enkel Kevin steuert als Jugendfußballer und Ideenlieferant seine ganz spezielle Sicht zu dem Projekt bei.

Das Trio hat – erweitert um den Internet-Profi Claus Vester – die Web-Site www.coolekicker.de ins Netz gestellt, um die Buchreihe mit vielen aktuellen Informationen und Links zu ergänzen.

KAPITEL 1

»Tooor!« Es riss Frank geradezu aus seinem Sessel. »Hast du das gesehen, Jacki? Hast du das gesehen?«

»Ja, natürlich«, maulte seine schlanke, schwarzhaarige Schwester. »Aber hat dieser ... dieser Dingsda nicht im Abseits gestanden?«

»Der Dingsda«, Frank tippte sich bezeichnend gegen die Stirn. »Das ist der obercoolste Stürmer seit ...«

»Scholl? Matthäus? Oder willst du etwa bis Beckenbauer in die Vergangenheit zurückreisen?«

»Beckenbauer war kein Stürmer«, murmelte Frank, bevor er wieder fast in den Fernseher hineinkroch.

Kaum hatte der Schiedsrichter abgepfiffen, als auch schon das Telefon klingelte. Frank angelte sich den Hörer. »Ja?«

»Haste auch das Spiel gesehen? Voll krass, das mit dem Abseits in der zweiundvierzigsten Minute, was?«

»Wenn das überhaupt ein Abseits war«, sagte Frank großkotzig. »So sicher bin ich mir da nämlich nicht.«

»Ach, komm, hör auf. Das war doch eindeutig.«

»Vielleicht in deinem Fernseher«, sagte Frank spitz, »aber nicht in meinem.«

Als keine schnelle Antwort erfolgte, fuhr er fort: »Ist ja eigentlich auch egal, Jan. Lass uns zum Bolzplatz gehen.«

Der Bolzplatz genannte alte Fußballplatz lag direkt an

dem Fluss Wilns, der ihren Heimatort Wilnshagen in zwei fast gleiche Hälften teilte.

»Du vergisst wohl«, beschied ihm Jan, »dass sich dort im Augenblick nur Kanalratten austoben können.«

»Richtig. Das Hochwasser.« Frank hatte ganz vergessen, dass der Bolzplatz mal wieder knöcheltief unter Wasser stand. »Dann sind die Wiesen unten am Fluss ja auch unter Wasser.«

»Klar doch, du Expresschecker. Und das, wo wir unbedingt für das Bromberger Hallenturnier üben müssen!«

»Ich weiß, was von dem Spiel abhängt«, sagte Frank. »Es wäre eine prima Gelegenheit, auf uns aufmerksam zu machen – und als Torjäger in die Zeitung zu kommen! Damit stünden unsere Chancen echt besser, beim Test im nächsten Mai in die Auswahlmannschaft zu kommen.«

»Da sind auch Talentsucher von Bayern, 1860 und Unterhaching dabei. Stell dir mal vor, die merken, wie gut wir sind – und wir könnten im nächsten Jahr direkt bei Bayern München trainieren!«

»Ja«, sagte Frank ganz verträumt, »das wäre ein Ding.«

»Das kannste aber vergessen, wenn wir nicht genug üben können.«

Frank überlegte kurz. »Also, auf zu deiner Oma. Erschrecken wir mal wieder die Piepmätze in ihrem Obstgarten.«

»Keine Chance«, beschied ihm Jan. »Nachdem du bei unserem letzten Probespiel hinten im Garten den Ball direkt in ihr Gewächshaus gedonnert hast, ist meine Oma auf uns so gut zu sprechen wie Donald Duck auf einen leeren Geldspeicher.«

»Stimmt. Früher war sie immer so gut drauf. Aber wegen ihres Gewächshauses hat sie sich aufgeführt wie eine alte Gewitterhexe.«

Die beiden Jungen beratschlagten noch eine Weile hin und her, bis schließlich Frank das entscheidende Machtwort sprach: »Also, auf zu Guido. Der hat doch immer eine affenstarke Idee auf Lager.«

»Wir brauchen unseren eigenen Fußballplatz«, sagte Guido.

Der schlanke Junge mit den dunklen Haaren war bekannt für seine abgefahrenen Ideen. Oft machten sie ja auch Sinn. Aber ein eigener Fußballplatz? Das klang nur verrückt.

»Klar«, sagte der blonde Jan. »Ich ruf nachher mal bei Bayern München an. Die werden uns bestimmt einen Trainingsplatz abtreten.«

»Ich meine es ernst«, beharrte Guido ungerührt. »Ohne eigenen Platz kommen wir nicht weiter. Wenn wir drei wirklich den Sprung in einen Profi-Verein schaffen wollen, müssen wir einfach mehr trainieren.«

»Dein Wort in Gottes Gehörgang«, sagte Frank. »Aber kannst du mir vielleicht auch verraten, wie wir das schaffen sollen? Wir finden ja noch nicht mal eine vernünftige Wiese für ein kleines Spielchen!«

»Das genau ist es doch«, nickte Guido. »Wo du hinguckst Neubausiedlungen, Maisfelder und ›Betreten Verboten‹-

Schilder. Und wie sollen wir uns da in Ruhe auf den Sichtungslehrgang im nächsten Mai vorbereiten?«

»Stimmt ja alles«, sagte Frank. »Aber wie willst du den auftreiben, deinen Platz?«

Guido grinste. »Wir sehen uns einfach ein bisschen in der Gegend um. Vielleicht finden wir ja eine Wiese ...«

»... von der wir wieder im Handumdrehen vertrieben werden wie letztes Jahr am Anger«, beendete Jan seinen Satz.

»Du meinst, als uns der alte Bauer Wenzel mit seiner Schrotflinte vor dem Gesicht herumgefummelt hat?« Frank schüttelte sich angesichts der unangenehmen Erinnerung. »An so was denke ich lieber nicht.«

»Wir werden schon jemand finden, der ein Herz für Kicker hat«, meinte Guido zuversichtlich. »Irgendeine hoch gelegene Wiese, bei der wir garantiert keine nassen Füße bekommen.«

Er erklärte den Freunden seinen Plan. Nach einigem Hin und Her fanden die beiden, dass Guidos schräge Idee vielleicht doch weniger verrückt war, als sie auf den ersten Blick ausgesehen hatte.

»Also gut«, sagte Frank. »Sehen wir uns in der Gegend nach einer passenden Wiese um – jeder für sich allein. Und heute Abend treffen wir uns wieder hier um zu sehen, ob ein Volltreffer dabei war!«

KAPITEL 2

Frank radelte für sein Leben gern. Eigentlich machte er alles gern, was irgendwie mit sportlicher Betätigung zu tun hatte. Doch heute hatte er es eilig. Schließlich wollte er möglichst schnell zum Sendlerhof, um den Bauern nach einer ungenutzten Wiese zu fragen.

Dabei kam er an mehreren Senken vorbei, die voll Wasser gelaufen waren. Es hatte bis vor wenigen Tagen wie aus Kübeln gegossen und die Feuerwehr war pausenlos im Einsatz gewesen, um Keller auszupumpen und Hausrat zu retten. Da war es kaum verwunderlich, dass sich niemand um drei fußballbegeisterte Jungen kümmerte, die nichts weiter im Kopf hatten als einen trockenen Übungsplatz.

Aber wer einmal in der Bundesliga spielen und vielleicht sogar Länderspiele bestreiten wollte, durfte sich von solchen Kleinigkeiten nicht aufhalten lassen.

Schließlich strampelte er im ersten Gang den Weg zum Mühlenforst hoch, der sich malerisch auf dem Hügel erstreckte. Am Rand des Wäldchens machten sich zwei Jungs an einer Holzbank zu schaffen, die hier für müde Wanderer bereitstand.

Es waren ausgerechnet das Großmaul Eberhard und sein etwas zurückgebliebener Freund Thomy. Das war gar nicht gut! Denn seitdem die Coolen Kicker im örtlichen Fußballverein so richtig Erfolg hatten, versuchten diese beiden Neidhammel alles, um sie fertig zu machen.

Im Moment hatte Eberhard ein Taschenmesser in der Hand und ritzte damit etwas in die Lehne ein. Als er das Fahrrad hörte, klappte er sein Messer rasch zusammen und drehte sich mit Unschuldsmiene um.

»Keine Sorge!«, rief sein Kumpel Thomy. »Ist nur einer unserer dämlichen Sportsfreunde.«

Frank wurde es mulmig zumute. Aber er wollte nicht wie ein Feigling dastehen. Deswegen bremste er, als ihm Eberhard in den Weg trat, statt umzudrehen und den Hügel gleich wieder hinabzusausen.

»Was gibt's, Eberhard?«, fragte er schroff, nachdem er sein Rad zum Stehen gebracht hatte.

Der kräftige Junge grinste, während er mit dem zugeklappten Taschenmesser in seiner Hand spielte. »Das Gleiche könnte ich dich auch fragen. Aber abgesehen davon: Wo hast du denn deine beiden traurigen Freunde gelassen?«

»Die kommen gleich nach«, behauptete Frank geistesgegenwärtig. »Und ihr habt euch jetzt aufs Schnitzhandwerk verlegt, was?«

Eberhard schüttelte den breiten Kopf. »Ne. Wie kommst du denn darauf?«

Frank blickte zu der bereits mit reichem Schnitzwerk »verzierten« Bank hinüber. »Ich weiß auch nicht«, sagte er ruhig.

»Das will ich auch hoffen«, drohte Eberhard. »Denn wenn du irgendwelchen Scheiß erzählst, kannst du was erleben.«

»Genau«, pflichtete ihm Thomy bei. »Erzähl bloß niemandem nicht, dass wir in Bänke was einritzen tun oder so. Denn das tun wir nämlich gar nicht, stimmt 's, Eberhard?«

Der Angesprochene verdrehte bloß die Augen. Thomy spielte zwar recht ordentlich Fußball, aber in jeder anderen Hinsicht haperte es bei ihm mit der Kopfarbeit.

»Was glotzt du denn so blöd, du Typ?«, zischte Eberhard. »Willst du, dass wir dir ein bisschen die Fresse polieren, oder was?«

Frank beeilte sich sein Rad wieder in Gang zu setzen. Immerhin hinderten ihn die beiden Jungen nicht daran, an ihnen vorbeizufahren.

Kaum hatte er sie hinter sich gelassen, trat Frank mit aller Kraft in die Pedale.

»Lass dich hier bloß nie wieder blicken!«, rief ihm Eberhard nach.

Das mit dem „nie wieder blicken lassen" würde nicht ganz so einfach werden. Denn auf dem großen, einsam gelegenen Sendlerhof stieß Frank auf offene Ohren.

»Ich hab ja früher auch viel Fußball gespielt«, sagte Thomas Sendler und kratzte sich am Kopf. »Aber ein eigener Fußballplatz – das kommt mir doch ein bisschen verrückt vor.«

Er war von seinem mächtigen Trecker abgestiegen, als Frank mit seinem Fahrrad auf den Hof gerollt war, und stand nun in seiner Arbeitskleidung vor ihm: ein großer, kräftiger Mann mit einem fast jungenhaften Lächeln.

»Ich weiß ... schon«, stotterte Frank. »Es ist nur so ... der Sichtungslehrgang und die Auswahlmannschaft ... ich meine ... «

Und obwohl er es gar nicht wollte, brachen aus ihm die ganzen Träume und Pläne hervor, die er und seine beiden Freunde geschmiedet hatten. Besonders schwärmte er dabei von dem Sichtungslehrgang im nächsten Mai, bei dem die Coolen Kicker hofften von Bayern München oder einem anderen Profiverein entdeckt zu werden.

Als er geendet hatte, lachte Sendler laut auf. »Da habt ihr euch ja ganz schön was vorgenommen. Hoffentlich braucht ihr nicht noch Flutlicht – damit ihr auch im Dunkeln trainieren könnt!«

Frank schüttelte entschieden den Kopf. »Ne. Aber heißt das ... heißt das, dass Sie uns helfen wollen?«

»Vielleicht«, brummte der Bauer gutmütig. »Ich hab da oben, mitten im Wald, eine Wiese, die ich erst vor ein paar Jahren vom Wenzelhof übernommen habe. Eigentlich hatte ich mit ihr etwas anderes vor – aber zur Zeit liegt sie brach.«

»Und auf dieser Wiese können wir spielen?«, strahlte Frank.

»Nun mal langsam mit den jungen Pferden«, schmunzelte Sendler. »Ihr müsst euch erst einmal bewähren. Ich werde in den ersten paar Wochen ganz genau darauf achten, ob bei euch alles mit rechten Dingen zugeht.«

»Kein Problem!«

»Aber da wäre noch eine Kleinigkeit«, sagte Sendler. »Die Pacht!«

»Aber ich dachte ...«, begann Frank zerknirscht.

»Dass ich euch die Wiese umsonst überlassen würde?« Der Bauer schüttelte entschieden den Kopf. »So geht das natürlich nicht. Nur wenn ihr zu einer Gegenleistung bereit seid, könnt ihr euch auf der Wiese austoben. Sonst nicht.«

»Wir haben aber nicht viel Geld«, sagte Frank tonlos. »Und unsere Eltern motzen schon, weil sie ständig neue Trainingssachen kaufen müssen.«

»Ich dachte auch nicht an Geld«, grinste Sendler. »Ich dachte eher an eine Fußball-typische Gegenleistung.«

»Und wie soll die aussehen?«, fragte Frank misstrauisch.

»Na, ganz einfach.«

Der Bauer drehte sich um und rief: »Luki!«

Eine hohe Stimme antwortete ihm von der Rückseite des Hauses her. Kurz darauf tauchte ein Junge auf, der eine Sandschaufel in der Hand hielt und neugierig zu dem älteren Jungen hochschielte.

Frank kannte den Kleinen nur flüchtig. So viel er wusste, war er sieben oder acht Jahre alt – also niemand, den man in irgendeiner Hinsicht ernst nehmen musste.

Sendler legte seine große Hand auf die schmalen Schultern seines Sohnes. »Das ist Lukas.«

Der Lokomotivführer?, hätte Frank beinahe gefragt.

»Lukas spielt auch Fußball. Und nicht schlecht. Auch wenn er mit euch Profis natürlich nicht mithalten kann.«

»Ah, ja«, machte Frank. Er begann bereits zu ahnen, auf was der Bauer hinauswollte. Bitte nicht, dachte er, wir sind doch kein Gartenzwergverein.

»Luki würde gerne öfters trainieren«, fuhr Sendler fort. »Aber wir wohnen so abgelegen, dass sich seine Freunde nur selten hierher verirren.«

»Kann ich irgendwie verstehen«, krächzte Frank.

»Da wäre es doch nett, wenn er mit euch trainieren könnte, oder?«

»Tatsächlich.« Frank wurde ganz blass bei der Vorstellung, mit diesem Luki Elfmeterschießen üben zu müssen.

»Du bist doch damit einverstanden?«

Fast gegen seinen Willen nickte Frank. Er hatte zwar keine Ahnung, wie er diese bittere Pille seinen Freunden verkaufen sollte – aber wenn sie den Platz haben wollten, mussten sie Luki leider als neuen Partner in Kauf nehmen.

Seine Freunde reagierten mit absoluter Hochstimmung auf Franks Neuigkeit. Ihre eigenen Versuche, einen Trainingsplatz aufzutreiben, waren nämlich gründlich in die Hose gegangen.

»Wir brauchen natürlich noch Tore«, sagte Guido. »Und all den anderen Krempel, mit dem aus einer Wiese erst ein richtiger Fußballplatz wird.«

»Dieses Teil zum Linienziehen leihen wir uns einfach vom 1. FC Wilnshagen aus«, meinte Jan begeistert. »Und Tore können wir uns zur Not selbst bauen.«

»Wir könnten doch gleich noch zu einem kleinen Übungsspiel hochfahren«, sagte Guido. »Ich wüsste nämlich wirklich gern, ob sich Frank nicht irgendeine Hoppelwiese andrehen hat lassen, auf der man gar nicht richtig spielen kann.«

»Dann müssten wir sie eben planieren«, überlegte Jan.

»Sagt mal, habt ihr ein Rad ab?«, schimpfte Frank. »Wir können doch heute nicht mehr losdüsen! Meine Mutter meckert sowieso schon ständig, weil ich so viel unterwegs bin.«

»Ach ja, die Eltern«, seufzte Jan. »Die wollen bestimmt auch ein Wörtchen mitreden.«

»Zumindest müssen die wissen, wo wir trainieren«, stellte Frank sachlich fest. »Und es wäre sicher nicht schlecht, wenn wir ein Handy mitnehmen würden. Damit die wissen, wo sie uns im Notfall erreichen können. Oder umgedreht.«

»Vielleicht wäre auch ein Babyfon nicht schlecht«, maulte Jan. »Und ein Lätzchen und ein Schnuller.«

Frank lachte laut auf. »Könnte schon sein. Damit könnten wir Luki beschäftigen, damit der uns beim Fußballspielen nicht dazwischenfunkt.«

Luki lernten sie am nächsten Tag nach der Schule kennen. Er war ein lebhafter Junge, der in einem fort auf die drei Coolen Kicker einschnatterte, kaum dass er sich bei ihnen beim Verlassen des Schulgebäudes eingeklinkt hatte.

»Meine Mutter holt mich gleich ab«, sagte der schmale, braunhaarige Junge. »Wenn ihr wollt, könnt ihr gleich mitkommen um euch die Wiese anzusehen.«

»Das kommt jetzt ein bisschen ... überraschend«, sagte Jan.

Luki blickte über den Rand seiner Brille hinweg zu ihnen hoch. »Ich dachte, ihr seid ganz heiß aufs Fußballspielen.«

»Ja, schon.« Guido kratzte sich am Kopf. »Aber ... wir müssen erst nach Hause. Mittagessen, Schularbeiten machen ... diesen ganzen Mist.«

»Und?«, fragte Luki aufgeregt. »Kommt ihr danach? Treffen wir uns an der Wiese? Oder holt ihr mich zu Hause ab?«

Frank tauschte einen kurzen Blick mit seinen beiden Freunden. »Was meint ihr? Wenn wir uns ranhalten, müssten wir doch um drei Uhr mit allem fertig sein.«

Jan und Guido nickten rasch.

»Dann brauchen wir mit dem Rad noch mal zwanzig Minuten bis zur Wiese«, überlegte Frank.

»Also kurz nach drei«, sagte Luki fröhlich. »Ich warte dann am Wald auf euch ... aber, he, da kommt meine Mutter.«

Ehe es sich die drei versahen, machte er auf dem Absatz kehrt und rannte zu einem großen Geländewagen hinüber, der gerade auf den Parkplatz der Schule einbog.

»Das kann ja heiter werden«, sagte Jan, während sie beobachteten, wie der Geländewagen mit Luki an Bord davonbrauste. »Wenn wir nicht aufpassen, glaubt die Milchtüte noch, sie könnte uns rumkommandieren.«

Frank nickte nachdenklich. »Aber vielleicht ist der Kleine ja auch nur aufgeregt ... weil er mit den drei gefürchtetsten Kickern der Jugendmannschaft zusammen üben darf.«

Seine beiden Freunde lachten. Aber so ganz wohl war ihnen bei der Sache trotzdem nicht. Schließlich gehörte Lukis Vater die Wiese, die sie zu ihrem eigenen Fußballplatz auserkoren hatten – und damit hatte der Kleine so etwas wie das Hausrecht.

KAPITEL 3

Als sie endlich ihre Räder an der großen Birke abstellten, die am Wegesrand vor ihrem Fußballplatz stand, rannte ihnen Luki aufgeregt entgegen. »Da seid ihr ja endlich!«, rief er erfreut.

Frank nickte nur mürrisch. Denn hinter Lukas stand ein Mädchen, etwas älter als er, aber mit einem solch überheblichen Blick, dass ihm ganz anders wurde.

»Das ist übrigens meine große Schwester«, sagte Luki kleinlaut, dem Franks Blick nicht entgangen war.

»Eh, ja«, sagte Guido stirnrunzelnd. »Und was macht sie hier?«

»Auf mich aufpassen?«, schlug Luki fast schüchtern vor.

»Auf dich aufpassen?« Guido verschluckte sich fast.

»Was denkst du denn, Kleiner«, fragte Lukis Schwester. Ihre schwarzen Augen funkelten voller Spott. »Du glaubst doch nicht, dass meine Mutter unseren Dreikäsehoch alleine durch den Wald flitzen lässt. Also muss ich leider Babysitter spielen.«

»Aber jetzt nicht mehr!«, begehrte Luki auf. »Mama hat gesagt ...«

»Mama hat gesagt!« Jan schüttelte empört den Kopf. »Wo sind wir denn hier gelandet? Ist das ein Kindergarten, oder was?«

Lukis Schwester lachte. »Kann schon sein. Wenn ein paar Jungens außer Fußballspielen nichts in der Birne haben ...«

Jan packte Frank am Ärmel und zog ihn ein paar Schritte weiter. »Sag mal, ist das dein Ernst, oder was?«, fragte er halblaut. »Erst schiebst du uns diesen Wichtel Luki unter – und jetzt kommt auch noch seine große Schwester und glaubt uns rumkommandieren zu können!«

Frank zuckte unglücklich mit den Schultern. »Das kriegen wir schon irgendwie geregelt. Lass mich nur machen.«

Er drehte sich um und steuerte auf Lukis große Schwester zu. Sie hatte ein hübsch geschnittenes Gesicht und eine freche Kurzhaarfrisur. Zu allem Überfluss lächelte sie auch noch auf eine Art, die Frank ganz unruhig machte.

»Ja?«, fragte sie. »Wolltest du mit mir sprechen?«

»Ja, eh ... eigentlich schon«, stotterte Frank. »Ich meine spielst du ... auch Fußball?«

Das Mädchen lachte hell auf. »Na klar«, sagte es dann gutmütig. »Früher habe ich mal in der F-Jugend gespielt.«

»Dann verstehst du bestimmt auch, warum wir einen Trainingsplatz brauchen.«

»Ne«, sagte Lukis Schwester offen. Sie streckte die Hand vor. »Ich heiße übrigens Karin.«

Frank ergriff ihre Hand und drückte sie. Sie fühlte sich angenehm kühl und kräftig an, aber aus irgendeinem ihm unbekannten Grund machte ihn die kurze Berührung schrecklich nervös.

»Ich mach mich jetzt wieder vom Acker.« Karin lachte. »Oder sollte ich besser sagen: von der Wiese?«

Die Wiese war tatsächlich ein Knaller. Eingesäumt von dicht stehenden Fichten erstreckte sie sich über die mindestens doppelte Fläche eines Bundesligaplatzes. Durch die Baumreihen, die sie auf drei Seiten eingrenzten, war sie zudem gegen neugierige Blicke gut geschützt.

»Affenstark.« Guido nickte anerkennend. »Mit diesem Linienziehdingsbums malen wir uns ein wunderschönes Fußballfeld in die Mitte der Wiese – und fertig ist der Lack.«

»Können wir gleich mal ne Runde spielen?«, fragte Luki begeistert.

»Du kannst den Ball von meinem Gepäckträger holen«, sagte Jan großzügig. »Aber sei vorsichtig damit – er ist ein Andenken! Da ist nämlich das Autogramm von einem Fußball-Star drauf.«

Das war ein ganz klein wenig übertreiben. Zwar hatte sich der junge Zweitligaspieler Siggi Kakerlake mit seiner schwungvollen Unterschrift darauf verewigt. Aber Jans ganzer Stolz waren die fünf anderen Bälle mit den Namen richtiger Fußballstars wie Tomas Rosicky.

»Und wie machen wir das mit den Toren?«, fragte Frank.

Guido winkte ab. »Ist schon geregelt. Der Verein hat noch alte Holztore im Schuppen stehen.« Er grinste. »Ich hab denen erzählt, dass wir die nur probehalber im Garten von Jans Oma aufbauen wollen. Damit wir nicht gleich die ganze Meute hier haben.«

»Gut so«, nickte Jan. »Den anderen erzählen wir erst von unserem eigenen Platz, wenn er für ne Einweihungsparty taugt!«

»He, jetzt kann's losgehen!« Luki kam mit dem Autogramm-verzierten Fußball angerannt, den er auf Jans Gepäckträger gefunden hatte.

Luki kickte das runde Leder zu Frank, der es gleich weiter zu Guido schoss. Ein paar Minuten lang hetzten die Coolen Kicker den Ball über die Wiese, bis ihn Luki mit einem ungeschickten Schuss mitten in die Fichten beförderte.

»Das war's dann erst mal«, sagte Frank und stemmte die Hände in die Hüften. »Puh! Macht wieder richtig Spaß, den Ball ein bisschen zu quälen.«

»Ja, wirklich klasse. Vor allem, wenn ihn so ein Wichtel mitten in die Pampa schießt«, schimpfte Jan.

»Ich hol den Ball ja schon!«, rief Luki eifrig und stürzte davon.

»Bloß blöd, dass wir immer wieder alles mitnehmen müssen«, sagte Frank. »Mit dem Ball ist das ja kein Problem. Aber unsere Ausrüstung ...«

»Und was zu trinken«, warf Guido ein.

»Ja, genau. Und Werkzeug, mit dem wir die Tore instand halten können.«

»Wir müssten irgendwas haben, wo wir unsere Sachen einsperren können, wenn wir nicht da sind.«

»Ich weiß schon, was wir bräuchten«, sagte Jan sehnsüchtig. »Ein Klubhaus!«

Guido nickte. »Da ist was dran. Und ich habe auch schon eine Idee, wie wir da drankommen könnten!«

Was auch immer Guido für eine Idee hatte – er kam nicht mehr dazu, sie seinen Freunden mitzuteilen. Denn Luki begann plötzlich wie am Spieß zu schreien und rannte so schnell auf die Coolen Kicker zu, als wäre ihm der Teufel persönlich auf den Fersen.

»Was ist los?«, rief ihm Frank entgegen.

»Die haben Jans Ball!«, schrie der Kleine. »Die haben mir den einfach geklaut!«

Jan tippte sich bezeichnend an die Stirn. »Der spinnt doch«, behauptete er. »Hier ist doch überhaupt niemand.«

Frank sah das ein bisschen anders. Er war zwar auch nicht erfreut, dass ihnen der Sohn des Bauern aufs Auge gedrückt worden war. Aber trotzdem hielt er Luki nicht unbedingt für einen Idioten.

Ohne zu zögern lief er ihm entgegen. »Was ist los?«, fragte er, als sie sich auf halber Strecke begegneten.

Luki war vollkommen außer Atem. »Zwei ... Jungs«, keuchte er. »Einer so groß ... wie ein Bär. Der andere hatte so ein rotes ... Dingsbums an.«

Frank nickte aufgeregt. Die Beschreibung passte haargenau auf Eberhard und sein ständiges Anhängsel Thomy!

»Und die haben jetzt Jans Ball?«

Luki nickte unglücklich. »Ich hatte ihn schon in der Hand. Die kamen einfach ... haben mich geschubst ... und sind mit dem Teil weg!«

Mittlerweile waren auch Jan und Guido heran. »Kommt, Jungs«, stieß Jan entsetzt hervor. »Wenn wir uns ein bisschen beeilen, kriegen wir die beiden Idioten noch!«

Die drei Coolen Kicker sprinteten auf den Waldrand los, als ginge es darum, ein feindliches Tor zu stürmen. Frank rief über die Schulter: »Wo sind sie lang?«

»Da hinten, zum Weg hin.«

»Klar«, japste Jan. »Die haben dort irgendwo ihre Räder versteckt. Und dann düsen sie mit meinem unersetzlichen Ball ab.«

Im gleichen Moment änderte er schon die Richtung. Seine beiden Freunde folgten ihm.

Sie kamen gerade rechtzeitig auf dem Weg an, um in der Ferne zwei Fahrräder verschwinden zu sehen. Eberhard auf seinem Riesen-Drahtesel und daneben Thomy auf seinem kleinen Sportrad – das sah aus wie ein Gorilla und ein Schimpanse, die gerade aus dem Zoo ausgebrochen waren.

»Wenn ich Eberhard in die Finger kriege«, schimpfte Jan, »mache ich den mindestens drei Köpfe kürzer!«

»Dabei helf ich dir«, sagte Frank rasch, »falls wir ihn noch einholen.«

Guido hatte als Erster sein Rad erreicht. Er schwang sich auf den Sattel, trat in die Pedale – und kam schon nach zwei Metern zitternd und schwankend zum Stehen.

»So ein verdammter Mist!«, fluchte er. »Meine Reifen sind platt.«

»Das kommt davon, weil du mit so ner alten Schrottkiste rumdüst«, schimpfte Jan.

Doch auch sein Alarmstart geriet zur Lachnummer. Als würde er auf einem volltrunkenen Kamel sitzen, wackelte er mit seinem Rad ein Stück über den Weg, direkt auf die

Böschung zu. Kurz vor dem Graben stemmte er beide Beine so kraftvoll in den Boden, dass Schotter aufspritzte.

»Das waren die zwei, meine Karre haben sie auch platt gemacht!«, brüllte er außer sich.

Durch das Schicksal seiner beiden Freunde gewarnt, ging Frank neben seinem Drahtesel in die Hocke und begutachtete die Reifen. »Hab ich's mir doch gedacht. Die Pappnasen haben uns die Ventile rausgedreht!«

KAPITEL 4

Dass Jans Ball fürs Erste futsch war, war für ihn eine Katastrophe. »Der Ball ist einfach unersetzlich«, jammerte er, während sie zu dritt auf der Terrasse seiner Oma saßen und eine Limo schlürften.

»Weil den irgend so eine Kakerlake mit ihrem Namen voll gekritzelt hat?«, meinte Guido abfällig. »Den kennt doch eh keiner.«

»Du bist voll gemein.« Jan stand mit einem Ruck auf und ging mit steifen Schritten auf die Überreste des Gewächshauses zu, das Frank vor zwei Wochen mit einem genialen Schuss in seine Einzelteile zerlegt hatte.

»Du könntest ruhig ein bisschen freundlicher zu ihm sein«, sagte Frank vorsichtig. »Schließlich haben wir es auf der Oma ihr altes Häuschen abgesehen.«

»Auf ›Omas altes Häuschen‹, du Schlafmütze.«

»Hab ich doch gesagt: auf der ›Oma ihr altes Häuschen‹.«

Guido seufzte. »Wenn du so weitermachst, kriegst du in Deutsch nie ne bessere Note.«

»Wozu muss denn ein Fußballer ein Ass in Deutsch sein?«, grinste Frank. »Es reicht ja wohl, wenn ich später mal meinen Namen unter Millionen-Verträge setzen kann.«

Guido verdrehte die Augen. In diesem Moment kam Jan zurück.

»Das eine sag ich euch«, begann er sauer, »wenn ihr mir nicht meinen Ball wiederbringt, kriegt ihr nicht meiner ›Oma ihr altes Häuschen‹.«

»Es heißt: ›die alte Häuschen-Oma‹. Eh, ich meine: ›das alte Oma ihr Häuschen‹ ...« Guido brach verärgert ab. »Verdammt, ihr beiden Armleuchter bringt mich noch ganz durcheinander. Ich sollte mich besser von euch fern halten, wenn ich mal irgendwann ein gutes Abi machen will.«

»Was ist denn ein Abi?«, fragten Frank und Jan wie aus einem Mund.

»Das meint ihr doch jetzt nicht ernst, oder?« Guido stand kurz davor, zu explodieren. »Abi heißt Abitur. Und das ist so ein Schulabschluss ... na ja, wie der Aufstieg in die Erste Bundesliga.«

»Warum bist du denn so aus dem Häuschen?«, fragte Jan.

»Ja, genau«, ergänzte Frank. »Aus der ›Oma ihr altes Häuschen‹?«

Guido stöhnte nur auf. Er bedauerte schon beinahe, die Idee gehabt zu haben, die alte Hütte abzureißen und als Klubhaus auf ihrem Fußballplatz wieder aufzubauen.

»Es ist so ein Mist, dass ausgerechnet dieser Oberhampelmann Eberhard die Sache mit unserem Fußballplatz spitzgekriegt hat«, sagte Jan düster. »Der bringt es fertig und fackelt uns unser neues Klubhaus ab, kaum dass wir es aufgebaut haben!«

»Mal bloß nicht den Teufel an die Wand«, sagte Frank erschrocken. »Wir werden unseren Platz schon verteidigen – und wenn wir einen Feuer speienden Drachen engagieren müssen. Irgendwie kriegen wir auch deinen Ball wieder. Aber es kann überhaupt nichts schaden, wenn wir vorher schon mal ans Häuslebauen gehen.«

»Stimmt.« Guido wandte sich Jan zu. »Deine Oma und Lukis Vater sind ja damit einverstanden, dass wir die Hütte abreißen und als Klubhaus wieder aufbauen.«

»Also«, hakte Frank nach, »mein Vater und meine Schwester haben versprochen, uns morgen Vormittag beim Abbauen zu helfen. Treffen wir uns hier um neun, um mit dem Abriss anzufangen?«

»Von mir aus«, brummte Jan. »Aber vergesst dabei nicht, dass ich meinen Ball wiederhaben will!«

Als Frank, seine Schwester Jacki und Guido am frühen Samstagmorgen mit reichlich Werkzeug bewaffnet in den großen Garten von Jans Oma einbogen, kam ihnen ihr Freund schon aufgeregt entgegen.

»Eberhard hat gerade angerufen«, rief er vollkommen außer sich.

»Was?«, fragte Jacki. »Will der dir etwa deinen Ball zurückgeben?«

»Er hat gesagt ... er hat gesagt ...« Jan brach ab und schaute betroffen zu Boden.

»Nun red schon«, herrschte ihn Guido an. »Was hat der Hanswurst abgelassen?«

»Er hat gedroht ... er will ... mein Ball ...«

»Schön und gut.« Guido knirschte vor lauter Ungeduld mit den Zähnen. »Was ist mit deinem Ball?!«

»Er will ihn in tausend kleine Teile zerschneiden! Und dann hat er gedroht, mir auch noch meine anderen Bälle zu klauen – der weiß sogar, dass ich einen mit einer Beckenbauer-Unterschrift habe.«

»Dein Beckenbauer-Ball ist doch eine Fälschung.« Guido stellte seine Werkzeugtasche vor sich ab. »Das weiß doch jeder.«

»Der ist KEINE Fälschung!«, schrie Jan außer sich. »Wie kommst du nur dazu, so was Gemeines zu behaupten?«

»Ist ja jetzt auch ganz egal«, meinte Frank sachlich. »Beruhige dich erst mal.«

»Ich will mich aber nicht beruhigen! Dieser Eberhard ist zu allem fähig.« Jan drehte sich um und rannte durch die offen stehende Tür ins Haus seiner Oma. Mit einem wahren Donnerknall flog sie hinter ihm zu.

»Aua«, machte Jacki. »Der ist heute aber gar nicht gut drauf.«

»Das ist ja wohl die Untertreibung des Jahrhunderts«, meinte Guido. »Wenn das so weitergeht, können wir die Sache mit dem Häuschen vergessen.«

»Sehe ich doch gar nicht ein«, widersprach Frank. »Ich werd mal mit ihm reden.«

»Da würde ich mich aber beeilen«, sagte Jacki. »Denn wenn ihr nicht bald in die Gänge kommt, bin ich wieder weg. Ich hab schließlich was anderes zu tun, als meine Zeit mit durchgeknallten Mannsbildern zu verschwenden!«

Guido setzte sich auf seine Werkzeugtasche, während sich Jacki ein Stück entfernt auf einen umgedrehten leeren

Blumenkübel hockte. Das schlanke, schwarzhaarige Mädchen spielte ebenfalls Fußball und war schon aus diesem Grund öfters mit den Coolen Kickern zusammen.

Guido sah das gar nicht so ungern. Denn ihm gefiel Franks hübsche Schwester viel besser, als er es je zugegeben hätte.

»Eh, ja«, begann er, nachdem Frank verschwunden war. »Schon ein voll krasses Ding, das mit dem Ball.«

»Ja. Ganz schön ballaballa.«

»Ich meine ... wenn Eberhard das Ding wirklich zerschneidet ...«, stotterte Guido.

»Die Sache scheint dich mächtig aufzuregen«, lächelte Jacki spitzbübisch. »Du bekommst ja einen richtig knallroten Kopf!«

»Eh. Ja, nur ... weil ...« Guido suchte krampfhaft nach einer Antwort, die davon ablenkte, dass ihn alleine Jackis Anwesenheit aus der Fassung brachte.

Zum Glück kam in diesem Moment Frank aus der Haustür. Er war allein.

»Was ist los?«, fragte Jacki. »Hat sich unser Schmollmündchen bei Oma verkrochen um sich auszuheulen?«

Frank schüttelte den Kopf. »Ganz im Gegenteil. Jan ist schon hinten raus, um mit dem Abriss der Hütte zu beginnen. Ich wollte euch nur holen.«

»Na, dann ist es ja gut.« Guido erhob sich und packte seine Werkzeugtasche. »Super, dass Jans Oma sich gerade jetzt entschieden hat, einen neuen Anbau für ihre

Gartengeräte zu wollen und das alte Teil in der Versenkung verschwinden zu lassen!«

Ohne das Thema Eberhard noch einmal anzuschneiden machten sich die drei Coolen Kicker und Jacki sofort an die Arbeit. Kaum hatten sie angefangen, das Gartenhäuschen zu zerlegen, kam auch noch Franks Vater vorbei, um ihnen bei den schweren Teilen und dem Dachabbau zu helfen. Das Hämmern, Stemmen und Bersten dröhnte den ganzen Vormittag durch die Siedlung, als würde eine Herde wild gewordener Büffel durchtoben.

Immerhin kamen sie so zügig voran, dass Franks Vater schon nach zwei Stunden grinsend meinte: »Jetzt geh ich mal lieber wieder. Sonst stehe ich euch am Ende noch im Weg rum.«

»Mach ruhig«, nickte Jacki. »Jans Oma hat uns Pfannkuchen zum Mittagessen versprochen. Also rechne erst zum Abendbrot mit uns!«

»Und vielen Dank auch«, fügte Guido hinzu.

Auch ohne erwachsene Hilfe kamen sie gut voran.

»Wie bringen wir das alles zum Fußballplatz?«, keuchte Jan, während er zusammen mit Guido einen schweren Balken auf dem Lagerplatz ablegte.

»Ach ja, das habe ich euch noch gar nicht gesagt.« Frank ließ die Brechstange sinken, mit der er gerade ein Brett freigehebelt hatte. »Ich hab vorhin Lukis Vater angerufen, um ihn zu fragen, ob er das Zeug nicht mit einem Trecker abholen kann.«

»Abgefahrene Idee. Was hat er gesagt?«

»Das wäre kein Problem, weil Karin mit einer Sondergenehmigung seinen alten Trecker fahren dürfte ...«

»Karin«, ächzte Jan. »Du meinst doch nicht, dass die Ziege sich jetzt auch noch bei unserem Klubhaus einmischt!«

»Doch«, sagte Frank, während er ganz verträumt guckte. »Karin wird die Holzfuhren übernehmen!«

KAPITEL 5

Karin und Luki kamen nach der Mittagspause mit einem mindestens dreißig Jahre alten Monstrum von Trecker angetuckert. Zur großen Überraschung der Jungen begrüßten sich Karin und Jacki wie alte Freundinnen – dabei kannten die sich doch gar nicht!

Fröhlich und bester Laune fassten sie alle kräftig mit an. Im Nu hatten sie den alten, aber stabilen Anhänger voll geladen und machten sich mit den schweren Balken auf den Weg zu ihrer Fußballwiese.

Nachdem sie dort den Anhänger im Schweiße ihres Angesichts entladen hatten, sagte Frank: »Wir brauchen eine Wache.«

Karin legte den Kopf schief und musterte ihn von oben bis unten. »Wozu denn das? Glaubst du etwa, dass euch jemand das Uralt-Holz unterm Hintern wegklauen könnte?«

»Das wohl weniger«, sagte Frank kleinlaut. »Ich fürchte eher, dass jemand damit ein besonders großes Grillfeuer machen könnte.«

»Du schaust dir wohl zu viele Horrorgeschichten an, oder?«

»Das verstehst du nicht«, sagte Luki zu seiner Schwester. »Es ist doch wegen der Fußballräuber.«

»Aha.« Karins Augen funkelten vor Spott. »Treibt sich

hier in den Wäldern etwa eine finstere Räuberbande herum, die arme Fußballer beklaut?«

Jacki kicherte, was ihr einen bösen Blick ihres Bruders einbrachte.

»So ungefähr«, brummte Guido. »Wenn du es genau wissen willst: Der beknackte Eberhard hat uns ganz oben auf seiner Abschussliste. Als Erstes hat er Jans Ball geklaut ...«

»Ein unersetzliches Stück«, jammerte Jan. »Mit der Unterschrift von Kakerlake.«

»Seit wann kann Ungeziefer schreiben?«, lachte Karin – und natürlich fiel auch Jacki in ihr albernes Gelächter ein.

»Nicht Kakerlake wie ... wie Küchenschabe«, sagte Jan verzweifelt. »Sondern wie Siggi Kakerlake – der berühmte Fußballer!«

»Nie gehört«, sagten Karin und Jacki wie aus einem Mund.

»Das hat eigentlich niemand«, sagte Frank trocken. »Tatsache ist aber, dass sich dein kleiner Bruder von Eberhard einen Ball hat klauen lassen. Und das heißt ...«

»Ja?«, fragte Karin, während Jacki leise kicherte.

»Dass dieser Neidhammel alles tun wird, um uns die Sache mit unserem eigenen Fußballplatz kaputtzumachen.«

Karin nickte langsam. »Jetzt verstehe ich. Ihr braucht den Schutz starker Frauen.«

»Eh?«, echote Frank wenig geistreich.

»Na, ist doch klar, oder?« Das Mädchen lächelte überlegen. »Da ihr Pappnasen schon einen einzigen eurer Klassenkameraden nicht in Schach halten könnt, müssen Jacki und ich uns wohl in den Fall einschalten.«

Das saß. »Aber Eberhard ist nicht alleine«, protestierte Jan. »Er hat doch einen Freund.«

»Ach ja, hat er das? Wie schrecklich.« Karin tat so, als zähle sie die Jungen durch, die vor dem leer geräumten Anhänger standen. »Ich seh hier dreieinhalb Fußballer.«

»Wieso *einhalb*?«, begehrte Luki auf.

Karin warf ihrem Bruder nur einen schrägen Blick zu, bevor sie ihren Faden weiterspann: »Und ihr knapp vier Helden macht euch wegen zwei Rotzlöffeln in die Hosen, die euch mal einen Streich gespielt haben?«

»So einfach ist das nicht«, begann Frank, »es geht ja hier schließlich nicht um eine Prügelei oder so. Nein ... es ist eher so, dass Eberhard uns immer auszutricksen versucht.«

»Ach so«, sagte Karin geringschätzig, während sie einen raschen Blick mit Jacki wechselte, »ihr wollt damit sagen, dass ihr diesem Eberhard geistig nicht gewachsen seid.«

»Quatsch.« Frank runzelte ärgerlich die Stirn. »Eberhard und Thomy sind einfach zwei linke Ratten, die zu jeder Gemeinheit fähig sind. Da muss man ganz schön aufpassen.«

»Das heißt dann wohl, dass ihr bei eurem Klubhaus eine ständige Wache einplanen müsst.«

Frank schüttelte verwirrt den Kopf. »Nein. Das geht doch gar nicht.«

»Dachte ich mir 's doch«, sagte Karin zufrieden. »Dann müssen wir uns also etwas anderes einfallen lassen. Irgendwas Abgedrehtes, das diesen Eberhard und seinen sauberen Kumpan so zum Zittern bringt, dass sie keine Zeit mehr für ihre schwachsinnigen Spielchen haben.«

Frank starrte das schlanke Mädchen sprachlos und mit offenem Mund an. »Ja aber … wie …«

»Wir denken uns einen voll krassen Plan aus, wie wir Eberhard eins auswischen können!«, verkündete Luki.

Das mit dem »voll krassen Plan« mussten sie fürs Erste Verschieben: In der nächsten Zeit hatten sie alle Hände voll zu tun, um ihr Klubhaus aufzubauen und die alten Tore wieder zusammenzuzimmern, die sie vom 1. FC Wilnshagen abgestaubt hatten. Zum Glück nahm sich Franks Vater immer wieder ein paar Stunden Zeit, um ihnen bei den schweren Arbeiten zu helfen.

Schließlich waren Fußballplatz und Klubhaus so weit fertig, dass sie statt Handwerker zu spielen wieder ans Üben gehen konnten. Als Erstes veranstalteten sie ein Spiel ganz unter sich: Guido und Frank auf der einen Seite und Jan und Luki auf der anderen. Als Torwarte hatten sich die beiden Mädchen zur Verfügung gestellt.

Luki rannte sich die Seele aus dem Leib: Und trotzdem bekam er kein Bein auf die Erde. Jan, der an seiner Seite spielte, wurde immer saurer. Nachdem Frank und Guido 5 : 1 führten, bekam er einen knallroten Kopf und begann ein wütendes Einzelspiel gegen seine beiden Freunde.

Das konnte nur schief gehen. Guido schlug einen Steilpass auf Frank und dieser donnerte ihn knapp an Karins Kopf vorbei ins Netz. Nur eine knappe Minute später dribbelten Frank und Guido ihren Freund aus und donnerten den Ball zum siebten Mal ins Netz.

»Ich mach gleich nicht mehr mit!«, schrie Jan wütend. »Das ist voll ungerecht, dass ich mit diesem Zwerg zusammenspielen muss.«

»Du spielst ja gar nicht mit ihm zusammen«, rief Karin vom Tor aus. »Du ziehst doch dein Ding ganz alleine durch.«

»Stimmt«, meinte Luki, »du könntest mir auch mal ab und zu den Ball zuspielen! Ich hab ja sonst gar nichts mehr zu tun.«

Jans Gesicht hatte mittlerweile die Farbe einer reifen Tomate angenommen. »Jetzt wollen mir schon Ziegen und Wichtel sagen, wie ich spielen soll! Ich glaub, ich spinne!«

Karin runzelte ärgerlich die Stirn. »Wenn du es schon selber sagst.«

Jan fuhr zu seinen beiden Freunden herum, die mittlerweile näher gekommen waren. »Sagt doch auch mal was!«

»Eh, ja.« Frank kratzte sich an der Stirn. »Vielleicht sollten wir mal wechseln?«

»Wenn du demnächst immer freiwillig zusammen mit Luki spielen willst, dann ist's ja gut«, polterte Jan.

»Gott bewahre!«, entfuhr es Frank.

Als ihm daraufhin Karin und Luki einen bösen Blick zuwarfen, fügte er schnell hinzu: »Ich meine natürlich, wir könnten uns immer regelmäßig abwechseln.«

»Abgesehen davon, dass wir Besseres zu tun haben als andauernd rumzubolzen«, sagte Guido. »Wir müssen schließlich ab und zu auch mal ernsthaftes Balltraining machen.«

»Ja, ja, Herr *Professor*.« Jan rammte die Spitze seiner nagelneuen Fußballschuhe wütend in den Boden. »Bestimm nur immer, was wir machen! Gönn uns nur keine Minute Spaß am Spielen.«

»Du siehst aber gar nicht so aus, als ob du viel Spaß hättest«, sagte Karin mit schief gelegtem Kopf.

»Das ist doch wohl die Höhe!« Jan knallte seinen Schuh mehrfach hintereinander in den festen Wiesenboden. »Ihr wollt mich nur alle fertig machen!«

»Bevor du jetzt anfängst, unseren neuen Platz in Grund und Boden zu treten, sollten wir lieber unser Einweihungsfest planen«, sagte Frank.

Jan sah böse auf. »Und wen laden wir dazu ein? Eberhard und Thomy, oder was?«

KAPITEL 6

Als Jan ihr Klubhaus betrat, bebte er vor Wut. »So eine Schweinerei. Anstetter will ein internes Turnier machen, bevor wir in der Halle gegen die anderen Vereine des Landkreises antreten.«

Frank beugte sich vor und drehte die Hip-Hop-Musik leiser, die aus dem Gettoblaster über ihren Fußballplatz dröhnte. »Seit wann hast du was gegen 's Fußballspielen?«

»Hab ich nicht. Aber wir sollen ...«

Ein paar kichernde Mädchen kamen aus Omas ehemaliger Küche und zwängten sich an Jan vorbei, hinaus auf die Wiese.

Nachdem sich die Jugendmannschaft des 1. FC Wilnshagen auf dem Fußballplatz ausgetobt hatte, ging die Einweihungsparty jetzt erst richtig los. Jan schien das aber nicht unbedingt so zu sehen.

»Ich bin 's einfach leid«, sagte er. »Eberhard geht mir voll auf den Senkel.«

»Ich versteh nicht ganz«, sagte Frank erstaunt. »Der hat doch heute gar nicht mitgespielt ...«

»... und lacht sich hinter unserem Rücken ins Fäustchen«, nickte Jan. »Ich bin so was von geladen, sag ich euch ...«

»Aber warum denn nur«, mischte sich Guido ein, »sag doch endlich mal, was los ist!«

Jan kam nicht mehr dazu, denn in diesem Moment stürmte Karin mit hochrotem Kopf auf ihn zu.

»Jemand hat unsere Sachen geklaut«, rief sie empört. Wie Jacki auch hatte sie noch ihr Fußball-Trikot an, das sie während des Einweihungsspiels getragen hatte.

Jan machte den beiden hereinstürmenden Mädchen Platz und zog sich zu der Bank zurück, auf der er seine eigenen Kleider abgelegt hatte.

»Das geht ja hier zu wie im Taubenschlag«, grinste Guido. »Einer raus, einer rein und dazwischen das größte Chaos.«

»Das kannst du laut sagen.« Karin stemmte die Hände in die Hüften und funkelte Guido wütend an. »Jetzt habt ihr uns doch extra diesen Verschlag gezimmert, damit wir uns hinter eurem blöden Klubhaus in Ruhe umziehen können.«

»Das Dach fehlt noch.«

»Das ist ja wohl jetzt egal, oder? Schließlich regnet es nicht.«

»Aber wo ist denn dann das Problem?«

»Hab ich doch schon gesagt, oder?«, herrschte Karin Guido an. »Wir hatten dort unsere Klamotten ...«

»Die anderen Mädchen haben sie in die Küche getan«, unterbrach sie Jan.

»Wir sind aber nicht die anderen Mädchen! Also – wir haben sie da hinten abgelegt und jetzt sind sie weg.«

»Da hat euch sicher bloß jemand einen dummen Streich gespielt«, sagte Frank.

»Äußerst witzig«, donnerte Karin. »Meinst du, da sind wir nicht schon von selbst draufgekommen?«

»Weiß vielleicht einer von euch dreien, wo unsere Sachen geblieben sind?«, setzte Jacki nach.

Jan wich ein Stück zurück und knallte mit dem Kopf gegen einen Balken. »Autsch!«, machte er.

»Hast du dir wehgetan?«, fragte Jacki ohne großes Mitgefühl.

»Nein, nein, es ist nur ... ich meine, es ist alles klar ...« Er fuchtelte so wild mit den Händen vor seinem Gesicht herum, als müsste er einen Insektenschwarm vertreiben. »Vielleicht solltet ihr mal die anderen fragen. Hier ist bestimmt nichts.«

»Ich gehe erst mal in die Küche gucken«, verkündete Jacki. »Wenn die anderen Mädchen dort ihre Sachen hatten ...«

»Ja, ja, klasse Idee.« Jan war mit einem Mal ganz bleich geworden. Er starrte an Karin vorbei nach draußen, als gäbe es dort ein UFO zu bestaunen.

Frank fragte sich, was das sollte. Jan war zwar manchmal etwas merkwürdig – aber jetzt benahm er sich geradezu kindisch. Es sei denn ...

»Sag mal, warum willst du uns denn hier so schnell raushaben?«, fragte Karin, während Jacki in der Küche verschwand.

»Will ich doch gar nicht!«, kreischte Jan. Auf seiner Stirn glitzerten frische Schweißperlen. »Es ist nur so ... stickig hier. Und außerdem ...«

»Und außerdem gehst du jetzt mal einen Schritt zur Seite.« Karin kam drohend auf Jan zu. Da sie ein Stück größer als der Junge war und ihre Augen voller Zorn funkelten, schied die Möglichkeit aus, sie mit sanfter Gewalt zurückzudrängen.

»Ich war ’s nicht!«, schrie Jan.

»Was warst du nicht?« Da war Karin auch schon bei Jan und langte an ihm vorbei – und zog ihre eigenen und Jackis Kleidungsstücke aus der Ecke, in der eigentlich nur Jans Jeans liegen sollten.

»Du bist ein richtiger Witzbold, weißt du das?« Wutschnaubend raffte sie ihre Sachen zusammen, stampfte – mit Jacki im Gefolge – aus der Hütte und knallte die Tür so heftig hinter sich zu, dass Jan schon fürchtete, »Oma ihr altes Häuschen« würde nun endgültig seinen Geist aufgeben.

»Was sollte denn das gerade?«, herrschte Guido Jan an, kaum dass die Mädchen das Klubhaus verlassen hatten. »Willst du unsere Fete aushebeln oder was hast du vor?«

»Ich bin vollkommen unschuldig«, behauptete Jan. »Nie und nimmer nicht würde ich mich an Karins Sachen vergreifen. Ich bin doch nicht lebensmüde!«

»Da ist was dran«, nickte Frank. »Es toben gerade locker fünfundzwanzig Jungen und fast zehn Mädchen über unseren Fußballplatz. Das sind ja wohl genug Verdächtige.«

»Aha«, machte Guido. »Dann war ’s wohl der große Unbekannte, der Jan eins auswischen wollte, was?«

»Nein.« Jan schüttelte ganz entschieden den Kopf. »Es war kein Unbekannter. Es war Eberhard.«

Guido stöhnte auf. »Du leidest langsam an Verfolgungswahn, weißt du das? Eberhard hat überhaupt nichts mehr gemacht, nachdem er Luki den Ball abgegriffen hat.«

»Er hat mich angerufen und gedroht, auch meine anderen

Bälle zu klauen – und alle zu zerstückeln. Sogar den mit der Beckenbauer-Unterschrift!«

»Ja, ja. Aber Hunde, die bellen, beißen nicht, oder?«

»Nichts oder«, begehrte Jan auf. »Ich kann mir vorstellen, dass Eberhard vor Wut kocht – weil er der Einzige aus der Jugendmannschaft ist, den wir von unserer Einweihungsfete ausdrücklich ausgeladen haben.«

»Klar, der ist stinksauer. Aber trotzdem ist es ein bisschen unwahrscheinlich, dass er ausgerechnet Mädchen-Klamotten an deinem Platz versteckt, oder?«

»Das ist überhaupt nicht unwahrscheinlich«, heulte Jan fast auf. »Eberhard hat es speziell auf mich abgesehen. Der will mich fertig machen!«

In diesem Moment knallte die Tür auf und Michael, der beste Jugend-Torwart des 1. FC Wilnshagen, stürmte ins Klubhaus. »He, habt ihr hier so ne Art Geheimversammlung, oder was?«

Frank zog die Augenbrauen hoch. »Wieso?«

»Weil ihr erst die Musik runterdreht – und dann auch noch die Tür zumacht, sodass man gar nichts mehr hören kann.«

»Wird sich gleich ändern«, sagte Guido. Er fummelte an dem Gettoblaster herum, bis er lautstark seine Bässe in den Freitagnachmittag hinaushämmerte.

»Und wir mischen uns jetzt unters Volk«, flüsterte er seinen beiden Freunden zu. »Denn von irgendeinem dummen Streich lass ich mir nicht die Stimmung verhageln.«

Frank nickte. »Aber ich glaube, es wäre besser, wenn wir dabei einen ganz großen Bogen um Karin machen!«

Die Jugendmannschaft war total begeistert vom neuen Fußballplatz der Coolen Kicker. »Wir sollten unser Training immer hierher verlegen«, sagte Michael.

Er steuerte neben Frank auf den Tapeziertisch zu, auf dem Getränke und Kuchen standen. »Das ist doch was anderes als dieser stinklangweilige Platz, wo nur zwei Meter weiter mit blöden Tennisschlägern herumgefuchtelt wird.«

»Unser normaler Platz ist schon ganz okay«, meinte Frank. »Der einzige Nachteil ist, dass man da nicht so einfach zum Trainieren drauf darf. Das war auch der Grund, warum wir uns diese Riesenarbeit hier gemacht haben.«

»Aber wer hat so was schon?«, meinte Michael andächtig. »Einen eigenen Fußballplatz können sich doch sonst nur Millionäre leisten.«

»Die spielen aber eher Tennis. Oder Golf.«

»Stimmt auch wieder«, lachte Michael. »Aber Hauptsache, ihr lasst mich hier manchmal mitspielen.«

»Klar. Einen guten Torwart können wir sowieso gebrauchen. Aber ansonsten werden wir auch richtiges Balltraining machen.«

»Wofür schon *Professor* Guido sorgen wird.«

Michael war am Kuchenstand angekommen und schaufelte sich ein dickes Stück Bienenstich auf einen Pappteller.

»Ja, Guido nimmt es sehr genau mit dem Training«, sagte Frank. »Aber wir haben noch jemand anderen gefunden, der uns trainieren wird.«

»Wen denn?«, fragte Michael schmatzend.

»Den, der da gerade auf uns zukommt«, sagte Frank.

Michael drehte sich mit dem Kuchenteller in der Hand um. »Ach so, den alten Perschke. Aber ich dachte, der hätte schon vor mindestens hundert Jahren das Fußballtraining aufgegeben.«

»Was habe ich aufgegeben?«, fragte der alte Mann, der mit einem freundlichen Lächeln im Gesicht und einem Glas Apfelsaft in der Hand auf sie zusteuerte.

»Ich erzähl nur gerade.« Frank folgte Michaels Beispiel und nahm sich auch ein Stück Bienenstich. »Ich find es toll, dass Sie uns trainieren wollen.«

Perschke nickte. »Solange es nicht überhand nimmt. Der Jüngste bin ich schließlich nicht mehr. Und ...«

Er kam nicht mehr dazu, seinen Satz zu beenden.

KAPITEL 7

Es geschah alles gleichzeitig und so schnell, dass Frank im ersten Moment gar nicht mitbekam, womit es begann. Karin kam schon wieder wie ein wutschnaubender Stier auf ihn zu und gleichzeitig krachte und schepperte etwas hinter ihr so laut, dass sie erschreckt zusammenzuckte.

Aus Richtung Klubhaus knallte es plötzlich, als ob dort jemand einen Schuss abgegeben hätte, und wie zur Antwort explodierte etwas mit brutaler Wucht im Wald. Mädchen und Jungen schrien erschrocken auf, der alte Perschke ließ sein Apfelsaftglas aus der Hand rutschen und Michael stand mit offenem, Bienenstich-gefülltem Mund da, als könne er nicht begreifen, was um ihn herum vorging.

Frank erging es nicht besser. Das Krachen und Knallen klang, als ob plötzlich ein Krieg ausgebrochen wäre. Aber es kam noch schlimmer: Irgendetwas heulte auf, ein schreckliches, wimmerndes Geräusch, das ihm einen kalten Schauer über den Rücken jagte.

Bevor er überhaupt auch nur im Entferntesten begriff, was um ihn herum geschah, schien die Hölle loszubrechen. Donnernde Explosionen erschütterten die Luft und ein schreckliches Knattern antwortete vom Waldrand darauf.

Die Partygäste der Coolen Kicker hatten keine Chance, dem Chaos zu entgehen, das wie der Angriff einer feindlichen Kompanie Soldaten über sie hinwegfegte. Mädchen und Jungen schrien auf, ließen Gläser und Pappteller fallen, klammerten sich Schutz suchend aneinander oder versuchten in heller Aufregung den vermeintlichen Schutz des Klubhauses zu erreichen.

Es war der absolute Wahnsinn!

Frank riss sich aus seiner Erstarrung. Mit zitternden Händen stellte er seinen Pappteller auf den Tisch. Er hatte keine Ahnung, was hier vor sich ging, aber etwas in ihm schrie, dass er wegrennen sollte, jetzt und sofort.

Doch das durfte er nicht. Karin und Jacki! Sie waren doch eben noch hier gewesen; er musste sie finden und in Sicherheit bringen.

Ansatzlos wirbelte er herum um zum Klubhaus zu laufen: Wahrscheinlich hatten sie dort Schutz gesucht. Er war noch keine zwei Meter weit gekommen, als ein Junge aus der F-Jugend in heller Panik an ihm vorbeirauschte und voll gegen den Tapeziertisch lief.

Aus den Augenwinkeln heraus nahm Frank wahr, wie der Tisch fast in Zeitlupe in sich zusammenkrachte. Zuerst rutschte eine Cremetorte über den Rand, dann folgte ein Apfelkuchen und schließlich polterten Becher, Teller und die restlichen Kuchen hinterher. Mit einem Riesendonner landete die ganze Bescherung auf dem Boden.

Aber das war nicht das Schlimmste. Die ganze Wiese verwandelte sich innerhalb weniger Sekunden in ein Schlachtfeld. Die Mitglieder der Jugendmannschaft rannten wie die aufgescheuchten Hühner panisch über den Platz und versuchten dem Knallen und Donnern zu entkommen, das jetzt aus allen Richtungen zu kommen schien.

Frank hatte überhaupt keine Ahnung, was hier geschah. Keuchend und vollkommen außer sich erreichte er das Klubhaus. Es sah unbeschädigt aus – aber das konnte sich jeden Moment ändern, denn jetzt blitzte es hinter der Hütte auf und eine gigantische Explosion jagte Staub, Dreck und Holzteilchen nach oben.

Die Tür zum Klubhaus stand sperrangelweit offen. Frank hechtete geradezu hindurch – und stürzte in eine Gruppe verängstigter Kinder, die sich hier zitternd und vollkommen außer sich zusammengedrängt hatten.

Aus angstrunden Augen starrten sie ihm entgegen.

Auch seine Schwester Jacki war mit dabei. »Was ist passiert?«, schrie sie. »Werden wir überfallen?«

Frank wusste nicht, was dort draußen passierte. Trotzdem schüttelte er entschieden den Kopf.

Im selben Moment knallte es zum letzten Mal. Danach war nichts weiter zu hören als das Rufen und Schreien ihrer verängstigten Freunde.

Nach zwanzig Minuten war die Partytruppe von vierzig jugendlichen Fußballspielern auf ein kleines Häufchen von acht Leuten zusammengeschmolzen. Irgendjemand hatte in dem Durcheinander sehr schnell seinen Vater per Handy angerufen und der wiederum hatte andere Eltern verständigt: Im Nu waren die Erwachsenen über sie hergefallen und hatten tausende von Fragen gestellt. Als sie keine befriedigenden Antworten bekommen hatten, waren sie samt ihren Kindern nach Wilnshagen zurückgedüst. Ratlos standen die Coolen Kicker und ihre Freunde zusammen.

»So etwas habe ich in meinem ganzen langen Leben noch nicht erlebt«, sagte der alte Perschke. Er hockte neben Karin auf der schmalen Holzbank, die fest an der Wand ihres Versammlungsraums montiert war.

»Das war von langer Hand geplant«, stieß Jan hervor. »Und ich weiß auch, von wem.«

»Eberhard?« Frank schüttelte den Kopf. »Ich kann mir nicht vorstellen, dass der so was hinkriegt.«

»Du meinst, die ganzen Silvesterkracher unbemerkt zu verstecken und sie zeitgleich hochzujagen ...«

»Und mir vorher noch die Klamotten der Mädels unterzuschieben«, ergänzte Jan.

»Wenn Thomy mit einem der Chinakracher rumgespielt hätte, hätte er sich wahrscheinlich eher selbst in die Luft gejagt, statt uns zu erschrecken«, meinte Guido.

»Ich frag mich überhaupt, wo sie das Zeug herhaben«, sagte Karin, wobei sie Jan einen misstrauischen Blick zuwarf. Wahrscheinlich hatte sie ihn wegen dieser Kleidungsgeschichte immer noch im Verdacht.

»Das kriegste doch von überall her«, sagte Luki. »Vor Sylvester hat Papa ...«

»Vor Sylvester, genau«, unterbrach ihn Karin. »Aber sonst werden diese Dinger doch gar nicht verkauft.«

»Da hast du Recht, Mädchen«, nickte der alte Perschke. »Also muss jemand vom letzten Jahr einen ganz netten Vorrat zusammengesammelt haben.«

»Genau.« Luki fingerte in den Überresten eines Krachers herum, den er hinter dem Klubhaus gefunden hatte. »Überall liegt dieses Zeug rum!«

»Ich frag mich nur, wie die das mit dem Zünden hingekriegt haben«, überlegte Perschke.

»Ist doch ganz einfach«, sagte Frank. »Einer hat die Dinger von den Bäumen hinter der Hütte geworfen und einer war auf der gegenüberliegenden Seite im Wald. Die haben uns regelrecht in die Zange genommen!«

Perschke nickte langsam. »So könnte es gewesen sein.«

»Die haben jedenfalls erreicht, was sie wollten«, schimpfte Michael. »Eure Fete haben die sauber abgefackelt!«

»Das bedeutet Rache«, sagte Jan düster. »Erst holen wir uns meinen Ball von Eberhard wieder – und dann machen wir ihn und Thomy rund.«

»Aber nicht ohne Beweise«, warnte Perschke. »Bislang vermutet ihr doch bloß, dass es die beiden waren.«

»Das ist schon mehr als eine Vermutung«, schimpfte Jan. »Die Sache mit dem Ball und den Ventilen – und jetzt zwei Typen, die uns mit Feuerwerkskörpern beschmeißen ... Es reicht!«

Guido nickte langsam. »Es wird Zeit, dass wir Eberhard eine Falle stellen«, sagte er. »Und ich weiß auch schon wie: Morgen früh fangen wir ihn ab, wenn er zu Thomy geht – und dann quetschen wir aus ihm die Wahrheit raus!«

KAPITEL 8

Am nächsten Morgen stolperte Eberhard in die Falle, die ihm Guido zugedacht hatte. Als er in die Straße einbog, die zwischen Lagerhallen und dem Feuerwehrhaus in eine menschenleere Gegend führte, wirkte er noch völlig sorglos.

Das änderte sich schlagartig, als Guido und Jan hinter einer Mülltonne hervorsprangen und sich ihm kampflustig in den Weg stellten.

»He, was …?« Eberhards Gesicht verwandelte sich in eine Grimasse fassungslosen Entsetzens, als hinter ihm die anderen Coolen Kicker aus ihren Verstecken traten und ihn einkreisten. »Was wollt ihr von mir?«

»Ich hätte zum Beispiel gerne meinen Ball wieder«, sagte Jan lässig. »Du erinnerst dich doch. Den, den du in tausend Stücke zerschneiden wolltest.«

»Ich, wieso ich? Ich hab doch gar nicht …«

»Na klar hast du«, brüllte Luki. »Du hast mir höchstpersönlich den Ball aus der Hand geschlagen.«

»Ihr wollt mir doch nur Angst machen«, stieß Eberhard hervor. »Aber das zieht bei mir nicht. Wenn ihr mir irgendwas tut, werde ich mich fürchterlich rächen.«

»So wie gestern, als du unseren Fußballplatz mit Feuerwerkskörpern unter Beschuss genommen hast?«, fragte Guido drohend.

»Und wie war das mit meiner Hose?«, setzte Karin nach.

»Ich war das nicht mit den Chinakrachern«, sagte Eberhard trotzig.

»Woher weißt du denn, dass es Chinakracher waren?«, fragte Guido drohend.

»Ich hab doch nur ... ihr habt doch gesagt ...«

»Nichts haben wir gesagt«, stieß Guido hervor. »Aber es wäre das Beste für dich, wenn du die ganze Sache zugeben würdest. Vielleicht drücken wir dann noch mal ein Auge zu.«

»Aber vorher musst du auf alle Fälle meinen Ball rausrücken«, sagte Jan. »Sonst zieh ich dir die Nase lang.«

Eberhard sah von einem zum anderen. Die Entschlossenheit in den Augen der Coolen Kicker schien ihn nicht gerade zu beruhigen.

Trotzdem, oder vielleicht gerade deswegen, versuchte er einen Ausbruch. Mit einer ungemein kraftvollen Bewegung schnellte er vor, geradewegs auf Luki zu. Der Junge duckte sich wie unter einem Schlag weg.

Frank, der neben Luki gestanden hatte, versuchte Eberhard am Kragen zu erwischen. Doch seine Handbewegung kam einen Sekundenbruchteil zu spät. Eberhard schnellte einen weiteren Schritt nach vorn – und stürzte über Karins Fuß, den sie geistesgegenwärtig hochgerissen hatte.

Mit hilflos rudernden Armen versuchte Eberhard sein Gleichgewicht wiederzufinden. Doch in diesem Moment war Frank schon bei ihm, fasste seine Haare und zog seinen Kopf schmerzhaft zurück.

Eberhard stieß einen schmerzerfüllten Schrei aus. Trotzdem versuchte er sich herumzudrehen, um Frank in den Magen zu boxen. Aber da waren schon Jan und Guido heran. Wie bei einem ausgeklügelten Spiel schnappte sich jeder einen Arm ihres Gegners und drückte ihn nach hinten auf den Rücken.

»Aua!«, schrie Eberhard. »Seid ihr bekloppt geworden? Lasst mich sofort los.«

»Wir denken gar nicht daran«, sagte Karin und baute sich breitbeinig vor ihm auf. »Erst wirst du uns in allen Einzelheiten erzählen, was du gestern gemacht hast.«

»Ich weiß von überhaupt rein gar nichts«, behauptete Eberhard.

»Das kannst du deiner Oma erzählen«, zischte Jan und drückte ein bisschen fester zu. »Aber nicht uns.«

»Aua!«, jaulte Eberhard auf. »Du brichst mir den Arm!«

»Das wäre wohl nur die gerechte Strafe«, drohte Jan, »nachdem du uns die ganze Party vermasselt hast.«

»Das habt ihr euch selbst zuzuschreiben«, jammerte Eberhard. »Schließlich habt ihr die ganze Jugendmannschaft zu eurer bescheuerten Party eingeladen. Nur Thomy und mich nicht.«

»Dreimal darfst du raten warum«, drohte Karin.

»Überhaupt nix rat ich«, stöhnte Eberhard. »Lasst mich endlich los.«

»Das hast du selbst in der Hand«, sagte Frank. »Wenn du uns die Wahrheit sagst und Jans Ball zurückgibst – dann lassen wir dich vielleicht noch einmal ungeschoren laufen.«

»Danke für das tolle Angebot. Das kann ich ja beinahe nicht annehmen.«

Wie auf ein geheimes Kommando hin drückten Jan und Guido diesmal gleichzeitig Eberhards Arme nach oben. Der kräftige Junge stieß einen spitzen Schrei aus.

»Ist schon gut«, stieß er hervor, nachdem seine Peiniger ihren Griff wieder etwas gelockert hatten. »Ich sag ja alles.«

»Wie war das mit meiner Hose?«, fragte Karin.

Auf Eberhards Stirn glitzerte Schweiß und seine Augen waren übernatürlich weit aufgerissen.

»Davon weiß ich wirklich nichts. Ich meine – was hätte ich auch an deiner Hose verloren?«

»Vielleicht Löcher reinschneiden?«, schlug Karin vor und zog eine kleine Schere aus ihrer Hosentasche.

»Nein.« Eberhard schüttelte krampfhaft den Kopf. »Damit hab ich wirklich nichts zu tun!«

»Jungs«, forderte Karin die Coolen Kicker auf.

»Nein!«, schrie Eberhard. »Nicht schon wieder die Arme verbiegen. Ich geb ja zu, dass Thomy und ich die Kracher geschmissen haben.«

Einen Herzschlag lang war es totenstill.

»Und das wagst du uns einfach so ins Gesicht zu sagen?« Karins Stimme klang eiskalt.

»Aber das wolltet ihr doch hören, oder?« Eberhard schluckte hart. »Ich meine: Es tut mir Leid.«

»Erzähl doch keine Märchen.«

»Nein. Doch. Wirklich. Ich wollte, ich könnte es rückgängig machen.«

»Kann ich mir vorstellen«, nickte Frank. »Damit du hier jetzt nicht so blöd rumstehen musst.«

Eberhard nickte und schüttelte dann doch gleich wieder den Kopf. »Nein. Auch so. Die ganze Aktion war vielleicht ein bisschen übertrieben.«

»Das sehe ich auch so«, nickte Frank. »Woher hattet ihr eigentlich die Munition?«

»Die hab ich von einem Kumpel«, stöhnte Eberhard. »Aber fragt mich nicht, was ich dafür habe eintauschen müssen.«

»Auf diese Idee käme ich gar nicht«, sagte Frank. »Bleibt nur noch die Frage, was wir jetzt mit dir machen?«

»Freilassen?«, fragte Eberhard hoffnungsvoll. »Damit ich euch den Ball wiedergeben kann?«

»Du träumst wohl?«, meinte Karin. »Erst gibst du uns Jans Ball zurück – und dann entscheiden wir, ob wir dich laufen lassen.«

»Aber«, stammelte Eberhard. »Das geht doch gar nicht.«

Es ging. Frank ließ sich Eberhards Telefonnummer geben und verlangte, seine kleine Schwester zu sprechen. Diese musste dann Jans Kakerlake-Ball aus dem Zimmer ihres Bruders holen und Luki übergeben, der dafür schnell zu Eberhards Elternhaus gesaust war.

KAPITEL 9

Kaum war Luki mit dem Kakerlake-Ball wieder aufgetaucht, ließen die Coolen Kicker Eberhard mit einer ernsthaften Verwarnung laufen.

«Und jetzt spielen wir eine Runde Fußball«, sagte Luki.

Das war ein Wort. Obwohl Karin keinen Hehl daraus machte, dass das Thema Hose für sie längst noch nicht erledigt war, schloss sie sich den anderen an. Sie holten ihre Räder, die sie vor Eberhards neugierigen Blicken versteckt hatten, und radelten die schmale Landstraße zum Mühlenforst hoch.

»Heute Mittag will der alte Perschke bei uns vorbeischauen«, sagte Guido, als sie den letzten Anstieg hochkeuchten.

»Es wird langsam Zeit, dass wir mit unserem Zusatztraining in die Gänge kommen«, meinte Frank, der neben ihm radelte. »Vor allem, wenn wir in zwei Wochen gegen Eberhard und Thomy spielen.«

»Genau. Das hatte ich in all der Aufregung schon ganz vergessen. Was soll das eigentlich?«

»Anstetter hat mehrere Trainingsmannschaften eingeteilt, die sich als Vorbereitung für die Bromberger Hallenmeisterschaft eine Art Turnier liefern sollen. Und dabei hat er uns in eine Siebener-Auswahl gesteckt und unsere beiden Feuerwerker in eine andere. Und nun rat mal, wer dann gegeneinander antreten darf!«

»Der sollte die beiden Typen aus dem Verein schmeißen, statt sie gegen uns spielen zu lassen.«

»Vielleicht tut er das auch, wenn er hört, dass die hinter dem Anschlag von gestern Abend stecken.«

»Das haut mir die Mütze von der Birne!«, schrie Jan in diesem Moment.

Er war ein Stück vorausgeradelt – wahrscheinlich, um auf keinen Fall in Karins Nähe zu geraten – und jetzt bereits so nah am Fußballplatz, dass er ihn überblicken konnte.

Frank und Guido wechselten einen erschrockenen Blick und traten dann mit aller Macht in die Pedale. Sie wollten unbedingt wissen, was Jan so aus der Fassung brachte.

Als Frank die Bescherung sah, glaubte er, sein Herz würde zerspringen. Er machte es Jan nach, ließ sein Fahrrad einfach fallen und stürmte mitten auf die Wiese. Nur undeutlich nahm er war, dass Guido dicht neben ihm blieb.

»Ich glaub 's einfach nicht«, stöhnte Guido. »Diese Schweine.«

Jan stand inmitten des verwüsteten Spielfeldes, die Hände in die Hüften gestemmt und schüttelte unaufhörlich den Kopf. »Das ... das ... kann doch nicht Eberhard gewesen sein.«

»Wohl kaum«, sagte Guido grimmig. »Es sei denn, er wäre nachts in einen Bauernhof eingebrochen und hätte einen Trecker samt Pflug geklaut.«

»Aber welcher Idiot war das dann? Etwa Lukis Vater?«

Diese Frage erübrigte sich, denn in diesem Moment bogen die Sendler-Geschwister und Jacki auf die Wiese ein. Ihren fassungslosen Gesichtern nach zu urteilen waren sie von dem Anblick genauso überrascht wie sie selbst.

»Wer vergreift sich denn an unserer Wiese!«, schrie Karin empört.

Diese Frage war nur zu berechtigt. Denn irgendwann in der Nacht musste jemand mit einem Trecker und angehängtem Pflug hier gewesen sein – und ihr halbes Fußballfeld umgepflügt haben.

Die Coolen Kicker schnatterten immer noch aufgeregt und geschockt aufeinander ein, als der alte Perschke mit seinem Moped auf die Wiese einbog.

»Du meine Güte«, sagte er, kaum dass er bei ihnen angekommen war. »Wer hat denn eure Wiese verunstaltet?«

»Wenn wir das nur wüssten!«, sagte Jacki verzweifelt. »Und vor allem: warum jemand so was Gemeines tut.«

»Aber das kriegen wir noch raus«, meinte Frank düster. »Und dann bekommt derjenige einen Satz heiße Ohren verpasst, dass es sich nur so gewaschen hat!«

Perschke schüttelte den Kopf. »Ich verstehe das nicht ganz ... gestern dieser Überfall und heute das umgepflügte Fußballfeld ... das ist ein bisschen zu viel für einen alten Mann.«

»Das ist auch ein bisschen zu viel für Coole Kicker«, sagte Frank heftig. »Aber wir lassen uns davon nicht unterkriegen! In zwei Wochen findet das Spiel gegen Eberhards Mannschaft statt. Und der darf auf keinen Fall gewinnen!«

»Aha«, nickte Perschke. »Eberhard. Ihr glaubt also, dass er dahinter steckt.«

»Wir wissen, dass er gestern die Kracher auf uns losgelassen hat«, erzählte Guido. »Das hat er uns sogar höchstpersönlich gestanden. Aber wir sind nicht ganz sicher, ob er hinter dieser Umpflüg-Aktion steckt. Jedenfalls wären wir ganz froh, wenn Sie ein bisschen mit uns trainieren würden.«

»Ihr meint – jetzt?«, fragte der alte Mann zweifelnd.

»Na klar«, beschied ihm Guido. »Ich hab schon eine echt starke Idee im Hinterkopf, wie wir diesem Umpflüg-Heini eine Falle stellen können. Aber zuerst müssen wir dafür sorgen, dass wir unser Fußballtraining nicht vernachlässigen – auch wenn uns nur noch der halbe Platz zum Spielen bleibt!«

Das ließ sich der alte Perschke nicht zweimal sagen. »Also gut«, meinte er, während er einen Zettel aus seiner Hosentasche hervorzog. »Ich hab mir ein paar Gedanken gemacht, wie man euch in Form bringen kann. Aber erst müsst ihr euch aufwärmen!«

Guidos Plan, mit dem er dem nächtlichen Treckerfahrer eine Falle stellen wollte, hatte es in sich. Frank und Jan fanden, dass es fast wie bei James Bond klang. Hoffentlich hatte sich der »Professor« diesmal nicht übernommen!

Nach Guidos Vorstellungen mussten sie ihren Eltern erst einmal die Erlaubnis abringen, sie diese Samstagnacht zu dritt im Klubhaus übernachten zu lassen. Dazu durften sie ihnen die Sache mit dem umgepflügten Fußballplatz vorerst nicht unter die Nase reiben. Denn die Erwachsenen würden wohl vollkommen ausflippen, wenn sie wüssten, dass hier nachts jemand sein Unwesen trieb.

Doch auch so war es alles andere als einfach, ihre Eltern von der Klubnacht zu überzeugen. »Ihr seid noch ein bisschen jung für so etwas«, meinte Franks Vater. »Was ist, wenn es nachts einem von euch schlecht wird?«

»Wir haben doch unsere Handys dabei«, erwiderte Frank. »Wenn irgendwas ist, rufen wir einfach an.«

Ihre Eltern starteten daraufhin eine ihrer typischen, übertriebenen Telefonaktionen, bei denen viel gequatscht und hin- und herüberlegt wurde, obwohl es doch viel einfacher gewesen wäre, ohne diesen Umweg die Zustimmung zu dieser Übernachtung zu geben.

»Also gut«, brummte Franks Vater schließlich. »Aber ihr müsst mir versprechen, dass ihr keinen Unsinn macht.«

Dieses Versprechen abzugeben fiel den Coolen Kickern nicht schwer. Denn schließlich hatten sie nicht vor etwas anzustellen, sondern sie wollten ja ganz im Gegenteil die Schweinebande überführen, die ihren Fußballplatz verwüstet hatte.

Punkt zwei ihres Planes sah vor, den Platz so vorzubereiten, dass ihnen ein Attentäter nicht durch die Lappen gehen konnte.

»Und was ist nun«, fragte Jan, als sie mit ihren schwer beladenen Fahrrädern zum Mühlenforst hochstrampelten, »wenn sich heute Nacht niemand blicken lässt?«

»Dann wird 's komplizierter«, sagte Guido, »denn Sonntagnacht dürfen wir hier bestimmt nicht pennen.«

»Aber ich nehme an, auch in diesem Fall hast du schon wieder eine deiner abgefahrenen Ideen«, sagte Jan.

»Aber klar«, grinste Guido. »Glaub nur nicht, dass es mir irgendwann einmal daran mangeln könnte!«

KAPITEL 10

Es war erstaunlich, was sich alles auf einem Fahrrad transportieren ließ. Die drei Coolen Kicker hatten ihre Satteltaschen aufgeschnallt und sie bis oben vollgeschlichtet; außerdem hatten sie ihre zusammengerollten Schlafsäcke auf ihren Gepäckträgern festgeklemmt.

»Mein Vater hätte unser Gepäck auch hochgefahren«, keuchte Frank.

»Wirklich nett«, stieß Jan atemlos hervor, während er verzweifelt versuchte den ersten Gang einzulegen. »Ich steig jedenfalls ... gleich ... ab.«

»Und so was wollen Sportler sein.« Guido schüttelte den vor Anstrengung hochroten Kopf. »Wir ziehen das jetzt durch.«

»Beim nächsten Mal ... nehm ich aber das Angebot von meinem Vater an«, versprach Frank schwer atmend.

»Dann besteht auch hoffentlich nicht mehr die Gefahr ... puhhh ... dass ... puhh ... er einen umgepflügten Acker ... puhhh ... sieht und dumme Fragen stellt ...«

Jan hatte den Kampf mit seiner Gangschaltung aufgegeben und war vom Sattel gesprungen, um sein Fahrrad das letzte Stück hochzuschieben. »Dafür, dass du so ein Supersportler bist, keuchst du aber ganz nett.«

»Ich keuche nicht«, japste Guido. »Ich puhe!«

»Das Wort gibt 's doch gar nicht, du Deutsch-Profi.«

»Ist mir jetzt ... puhh ... auch egal ...« Guido sprang ebenfalls vom Fahrrad.

»Recht habt ihr«, meinte Frank und folgte dem Beispiel seiner Freunde. »Fahrradschieben ist zur Abwechslung auch ganz nett.«

»Solange uns niemand dabei sieht – und blöde Bemerkungen macht, schon«, raunte Jan säuerlich.

Die anderen verstanden sofort, was er damit meinte. Denn Karin und Jacki waren ihnen ein Stück entgegengegangen und beobachteten nun grinsend, wie die Jungs ihre Drahtesel nach oben schoben.

»Auch das noch«, murmelte Frank. »Die Ziegen machen sich über uns lustig.«

»Lass die das bloß nicht hören«, warnte Guido. »Wenn du Karin Ziege nennst, rammt die dich wahrscheinlich ungespitzt in den Boden.«

»Was soll ich besser nicht hören?«, rief Karin.

Frank quälte sich ein Lächeln ab. »Nichts! Es ist alles okay. Wir haben alles dabei.«

»Nur nicht genug Puste, um mit den Fahrrädern bis hoch zu fahren, was?«, lachte Jacki.

»Warum mussten sich die beiden auch so schnell anfreunden?«, knurrte Jan. »Die sind allein schon unerträglich.«

»Na, na«, sagten Frank und Guido gleichzeitig.

»Was: Na, na?«, fragte Jan irritiert.

»Jacki ist doch gar nicht soooo schlimm«, meinte Guido verlegen.

»Ich finde eigentlich Karin nicht soooo schlimm«, fügte Frank leise hinzu.

»Ich glaub 's einfach nicht«, stöhnte Jan. »Euch beide hat 's wohl voll erwischt, oder?«

»Nein, nein«, beeilten sich diesmal seine Freunde gemeinsam zu sagen. Dann sahen sie sich verdattert an – und prusteten beide los.

»Was ist denn?«, fragte Jacki, als die Jungs auf Höhe der Mädchen angekommen waren.

»Ach, nichts«, sagte Guido, während er sein Fahrrad an ihnen vorbeischob. »Vielleicht könnt ihr uns beim Abladen helfen.«

Eine Viertelstunde später hatten sie ihre Packtaschen ausgeräumt, die Schlafsachen in der Hütte verstaut und begannen ihre Falle aufzubauen.

»Es kommt darauf an, dass wir alles ganz genau einrichten«, sagte Guido. »Sonst werden wir unser Wild nie fangen.«

»Du meinst Eberhard.«

Guido zuckte mit den Achseln. »Oder wen auch immer. Mit ein bisschen Glück werden wir jedenfalls heute Nacht herausfinden, wer anderer Leute Wiesen umpflügt.«

»Ich weiß nicht«, meinte Frank skeptisch. »Eine Alarmanlage, die einen ganzen Fußballplatz bewacht – davon habe ich noch nie was gehört.«

»Die Lichtschranke, die mir mein Bruder heute aus dem Fachmarkt mitgebracht hat, soll auch nicht den ganzen Platz überwachen, du Holzkopf. Es reicht ja, wenn sie uns meldet, falls sich hier jemand zu schaffen macht.«

»Und dafür müssen wir links und recht am Waldrand jeweils eines dieser niedlichen roten Kästchen anbringen?« Frank deutete auf die beiden Lichtschrankenteile, die vor ihm im Gras lagen.

»Aber haarscharf.« Ohne seine Freunde weiter zu beachten, hämmerte Guido die mitgebrachte Eisenstange mit dem großen Vorschlaghammer in den Boden, der ihnen schon beim Zusammenbau der Hütte gute Dienste geleistet hatte.

»Und die Dinger, die du jetzt an die Eisenstangen dranmachst, melden dann, wenn hier jemand heimlich eindringt?«

Guido unterbrach seine Arbeit und sah auf. »Mein Bruder hat mir das alles genau erklärt. Es gibt Einweg- und Reflexions-Lichtschranken. Der Typ, den er mir rausgesucht hat, der funktioniert selbst noch bei Nebel.«

»Das ist nicht schlecht«, meinte Frank. »Denn wenn 's nachts feucht vom Fluss hochzieht, gibt 's hier schon manchmal dichte Suppe.«

»Eben.«

»Und du weißt auch, wie man das alles installiert?«, fragte Jan misstrauisch.

»Ich bin doch ein helles Köpfchen«, grinste Guido. »Ich hab mir ganz genau gemerkt, wie wir ›Oma ihr altes Häuschen‹ schützen können.«

»Ja, gib 's uns nur, *Professor*«, sagte Frank. »Hauptsache, du nimmst den Mund nicht zu voll.«

»Bestimmt nicht. Mein Bruder hat gesagt, dass man zwei Lichtschranken braucht. Eine am besten in Knie- und eine in Hüfthöhe.«

»Was soll denn dieser Unsinn? Will der etwa auch Flugzeuge orten, oder was?«

Guido lachte. »Ne. Das mit den zwei Lichtschranken soll verhindern, dass die Anlage verrückt spielt, wenn zum Beispiel eine Katze durchsaust. Wenn aber ein Trecker oder ein Mensch beide Strahlen durchbricht, dann«, er machte eine rasche Bewegung mit der Hand, »zack.«

KAPITEL 11

Das mit dem Zack ließ noch eine Weile auf sich warten. Nachdem sie das Lichtschrankenkabel mit dem Alarmsummer in der Hütte verbunden hatten, wurde es für Karin und Jacki Zeit zum Nachhausegehen.

»Wenn ihr Hilfe braucht – ruft mich einfach über 's Handy an«, sagte Karin. »Ich schmeiß dann meinen Vater aus dem Bett – und wir düsen gemeinsam her, um mit den Halunken abzurechnen!«

»Ich hoffe ja, dass das gar nicht nötig ist.« Guido klopfte auf die Videokamera, die neben ihm lag. »Hauptsache, wir kriegen die Übeltäter aufs Band. Damit sie sich nicht mehr rausreden können.«

Jan nickte grimmig. »Außerdem werden wir denen einen solch tierischen Schreck einjagen, dass die sich hier nie wieder blicken lassen!«

»Also gut.« Karin klopfte auf den rohen Holztisch des Klubhauses. »Dann wünsch ich euch viel Jagdglück! Aber vergesst nicht – im Notfall müsst ihr mich unbedingt anrufen.«

Nachdem die Mädchen verschwunden waren, sagte Jan: »Jetzt können wir 's uns endlich gemütlich machen.«

»Eigentlich hoffe ich aber, dass es keine gemütliche Nacht

wird«, widersprach Frank. »Es wäre wirklich gut, wenn unsere super-hyper-affenstarke Falle zuschnappen würde.«

»Und wir drei schlagen uns dann ganz allein mit diesem unheimlichen Treckerfahrer rum, der nachts fremder Leute Wiesen umpflügt?« Guido schüttelte den Kopf. »Ich weiß nicht, ob ich das wirklich noch gut finde. Vielleicht hätten wir unsere Eltern doch einweihen sollen.«

»Aber du hast selbst gesagt ...«

»Ich weiß, was ich gesagt habe.« Guido beugte sich über die Videokamera, die er sich von seinem Vater ausgeliehen hatte. »Aber ... wir wissen ja nicht, mit wem wir es zu tun haben ...«

»Natürlich mit Eberhard«, schnappte Jan.

»Da bin ich mir nicht sicher. Diese Sache mit dem Trecker trau ich dem einfach nicht zu.«

»Und was, wenn sich heute Nacht jemand von hinten an unsere Hütte anschleicht und ein kleines Feuerchen macht?«

»Oder mit dem Trecker unser schönes Klubhaus zusammenfährt?«

Guido überlief ein eiskaltes Frösteln. »Ich sehe, ihr fangt an zu begreifen. Das hier ist kein Spiel, bei dem es um Punkte in irgendwelchen Tabellen geht. Wenn wir nicht aufpassen, läuft uns die ganze Sache aus dem Ruder.«

Jan trommelte nervös mit den Fingerspitzen auf dem Tisch herum. »Ich dachte einfach, wir schnappen uns heute Nacht Eberhard – und das war 's dann!«

Ein lautstarkes Knurren ließ ihn zusammenfahren. »Was war denn das?«, fragte er erschrocken.

»Mein Magen«, grinste Frank. »Es sieht so aus, als wollte der sich auch zu Wort melden.«

»Ich hab auch Hunger«, gestand Guido. »Was haben wir denn auf dem Speiseplan?«

Jan holte die Stofftasche unter dem Tisch hervor, die Karin mitgebracht hatte. »Dann wollen wir mal sehen.«

Er holte Brot, Käse, ein Glas Delikatessgurken und zwei Büchsen mit der Aufschrift »Hering in Tomatensoße« hervor.

»Brrr«, machte Guido. »Ich bin doch kein Seeräuber. Was soll ich mit diesem Heringsfraß?«

»Wenn du ihn nicht magst – ich steh auf so was«, sagte Frank.

»Und das ist noch nicht alles.« Zum Abschluss holte Jan einen eingeschweißten Schokoladenkuchen hervor. »Karin hat wirklich gut vorgesorgt.«

Das fanden die anderen auch. Sogar an einen Büchsenöffner hatte sie gedacht.

Mit einem Riesenappetit stürzten sich die Coolen Kicker auf ihre Schätze. Nach einer Viertelstunde hatte Frank die zwei Fischdosen bis auf den letzten Rest ausgekratzt und Guido und Jan den Schokoladenkuchen verdrückt.

»Lecker«, sagte Jan und rülpste.

Die anderen lachten. »Und jetzt will ich doch mal sehen, ob die Gurken etwas taugen«, meinte Guido.

»Saure Gurken, nachdem du einen halben Schokoladenkuchen verdrückt hast?« Frank schüttelte den Kopf. »Das ist doch voll daneben.«

»Genau«, pflichtete ihm Jan bei. »Nicht, dass du uns heute

Nacht die ganze Luft verpestest, nur weil du deswegen Blähungen bekommst.«

»Ach was«, winkte Guido großzügig ab. »Mein Magen ist Schlimmeres gewohnt.«

Und schon stopfte er sich eine Riesengurke in den Mund. Saft spritzte daraus hervor und ein Tröpfchen sauste auf Frank zu und klatschte fast in sein linkes Auge.

»Pass doch auf, du Ferkel«, schimpfte er. »Ich mag gar keine Essiggurken.«

»Umso besser«, mampfte Guido. »Dann bleibt ja alles für mich.«

Mit geradezu atemberaubender Geschwindigkeit stopfte er eine Gurke nach der anderen in sich hinein.

»He, lass mir auch noch eine übrig«, protestierte Jan.

Aber es war zu spät, denn Guido biss gerade herzhaft in die letzte Gurke. »Beim nächsten Mal«, versprach er schmatzend, »kriegst du was ab.«

Damit fischte er ein großes Stück Käse hervor. »Und jetzt etwas Käse«, verkündete er, »denn Käse schließt bekanntlich den Magen.«

Seine Freunde beobachteten fassungslos, wie er ein Riesenstück abbiss. »Greift doch zu«, forderte er sie mit vollem Mund auf.

»Ne, danke.« Frank schüttelte sich. »Mir ist der Appetit schon vergangen.«

»Versteh ich nicht ... eh ...« Guido schluckte ein paar Mal krampfhaft. »Mund ... etwas ... voll.«

Dann beugte er sich zurück und spuckte Frank den angekauten Käsebrei direkt vor die Füße. »Boah, eye, ist mir übel«, stöhnte er.

Er hielt sich den Bauch, sprang auf und sauste aus der Hütte.

KAPITEL 12

»Vielleicht sollten wir doch mal nach Guido sehen«, meinte Frank nach einer halben Stunde.

Jan schüttelte entschieden den Kopf. »Auf gar keinen Fall. Ich war ja gerade draußen. Der Typ hat den halben Fußballplatz mit seinem Gestank verpestet.«

»Krass«, meinte Frank, »Blähungen sind was Furchtbares.«

»Vor allem für die Umwelt.«

In diesem Moment schwang die Tür der Hütte auf.

»Wenn man vom Stinktier spricht ...«, sagte Jan säuerlich.

»Ach, das.« Guido winkte ab. »Mein Magen hat sich längst wieder beruhigt. Ich habe gerade mal dieses Infrarotteil ausprobiert, das mir mein Bruder mitgebracht hat.«

»In was für nem roten Teil?«

»Infrarotteil. Das ist ein spezielles Licht, damit man auch nachts filmen kann.«

»Aha«, nickte Jan verständnislos. »Sag mal, wer bezahlt den ganzen Schrott eigentlich?«

»Du weißt doch, dass mein Bruder in diesem Baumarkt arbeitet«, antwortete Guido. »Die Lichtschranken hat irgendein Kunde zurückgebracht oder gegen was anderes eingetauscht – wie auch immer. Jedenfalls können wir sie ein paar Tage behalten.«

»Verschärft. Und dieses Dingsbums-Rotteil?«

»Das wollte sich mein Vater sowieso mal zum Nachtfilmen zulegen. Da hat es ihm mein Bruder einfach zum Ausprobieren mitgebracht.«

Ein ekelhaftes, nur allzu bekanntes Geräusch dröhnte durch das Klubhaus. Jan und Frank zuckten erschrocken zusammen.

»Ich geh noch mal draußen die Anlage kontrollieren«, sagte Guido rasch. Während er aufstand, knatterte es in seiner Hose, als würde dort jemand ein Maschinengewehr abfeuern.

»Aber lass bloß die Tür auf, du Stinktier!«, schrie Jan wütend.

»Und komm nicht wieder, bevor du dich nicht endgültig ausgestunken hast!«, ergänzte Frank.

Drei Stunden später hatten die Coolen Kicker endlich ihre Schlafsäcke ausgerollt. Da ihre alte Autobatterie jetzt statt der Zwölf-Volt-Deckenlampe ihre Alarmanlage speiste, hatten sie eine Kerze angezündet.

»Es ist ganz schön neblig draußen.« Guido stützte sich mit dem Ellbogen auf seine Luftmatratze auf. »Ich hoffe nur, dass die Lichtschranken trotzdem funktionieren.«

»Sonst müssten wir halt höchstpersönlich Wache halten«, meinte Frank schaudernd.

»Die ganze Nacht da draußen im Nebel?«, fragte Jan vom Kücheneingang her, in den er sich mit seiner Isomatte verzogen hatte. »Das kannste doch niemandem zumuten.«

»Oder höchstens jemandem, der uns hier eh nur die Luft verpesten würde.«

»He, ihr beiden!«, schimpfte Guido. »Habt ihr ein Rad ab oder was ist mit euch los?«

»Ne.« Frank richtete sich auf der Holzbank auf, auf der er sich ausgebreitet hatte. »Wir sind nur einfach deine Stinkerei leid.«

Ein merkwürdiges, knarrendes Geräusch antwortete ihm. Erst hatte Frank Guido im Verdacht und funkelte ihn deswegen wütend an – doch dann bemerkte er seinen Irrtum.

Das Knarren schien von draußen zu kommen, von der Rückseite ihrer Hütte.

»Hört ihr das auch?«, flüsterte Guido. »Da ist doch was.«

»Und hinterm Haus haben wir keine Alarmanlage«, schauderte Frank. »Da kann sich einfach jemand anschleichen – und plötzlich steht der mitten in unserer Hütte!«

Franks Hand tastete nach dem Handy, das er auf dem Tisch abgelegt hatte. »Vielleicht sollte ich besser Karin anrufen.«

»Nicht bevor wir wissen, was da los ist ...«

Guido verstummte, als sie das Geräusch wieder hörten, lauter und näher diesmal.

»Sind das Schritte?«, flüsterte Jan.

Frank zuckte mit den Schultern. Er griff nach der schweren Taschenlampe, die vor ihm auf dem Tisch lag. »Sollen wir mal nachsehen?«

Jan erhob sich langsam und vorsichtig und auch Guido stand auf. In die Geräusche, die die beiden verursachten, mischte sich etwas anderes, einem Trappeln kleiner Füße nicht unähnlich.

»Also, Jungs: auf in den Kampf.«

Franks Magen krampfte sich zusammen. Als Guido den Vorschlag mit der Nachtwache gemacht hatte, hatte alles so einfach geklungen. Aber jetzt, da es draußen neblig und dunkel war, sah das ganz anders aus. Er wünschte sich plötzlich, er hätte sich nicht auf dieses Abenteuer eingelassen ...

Aber kneifen galt nicht. Guido stand bereits in der Tür, wie Frank mit einer Taschenlampe bewaffnet.

»Am besten, wir stürzen gleich alle drei zusammen raus«, sagte er.

»Ich hab aber gar keine Schuhe an«, gab Jan leise zurück.

»Das ist doch wohl jetzt nicht der Punkt, oder? Ich hab jedenfalls keine Lust, hier noch länger tatenlos rumzustehen.«

»Psst«, macht Frank. »Sie sind jetzt direkt am Haus.«

Er hatte Recht. Irgendetwas schabte von außen am Holz. Und dann hörten sie es alle drei ... ein leises, vorsichtiges Trippeln, das wie Schritte von Kobolden in einem Gespensterfilm klang.

Ohne zu zögern riss Guido die Tür auf. Gleichzeitig schalteten Guido und Frank ihre Taschenlampen ein. Erst als sie hinausrannten, wurde sich Frank bewusst, dass er wie Jan keine Schuhe anhatte. Seine Füße platschten durch das feuchte Gras, als er um die Ecke bog und auf die Stelle zuhielt, von der die Geräusche gekommen waren.

Die beiden Taschenlampen schnitten blendende Kegel in das feuchte Grau, das sie umwaberte. Der Bodennebel war nicht besonders dicht, aber er reichte, um ihnen die Sicht zu nehmen. Sie sahen nichts weiter als zwei, drei massige Gestalten, die direkt an der »Mädchen-Umkleidekabine« zu hocken schienen.

»Bleibt stehen, ihr Scheißkerle!«, schrie Guido. Mit Riesensätzen jagte er auf die Gestalten zu. Ohne zu zögern folgten ihm Frank und Jan.

Dann ging alles sehr schnell. Guido riss die Arme hoch und der Strahl seiner Taschenlampe verschwamm irgendwo im Himmel, als wollte er einem Flugzeug ein Signal geben. Er rutschte ein Stück nach vorne, versuchte krampfhaft sein Gleichgewicht wiederzufinden - und knallte mit voller Wucht gegen die hinter dem Haus gestapelten Holzscheite.

Bevor ihm Frank und Jan zu Hilfe eilen konnten, polterte das Holz auf Guido herab.

»Aua!«, schrie Guido. Er hob schützend die Arme vor das Gesicht, aber trotzdem erwischte ihn mindestens eins der Holzscheite am Kopf. Als Frank und Jan heran waren, wollten sie ihn nach oben ziehen, aber Guido wehrte sie ab.

Mit ungelenken Bewegungen richtete er sich auf.

»Ist dir was passiert?«, fragte Frank besorgt.

»Seht lieber zu, dass ihr die Schweinebande noch kriegt«, keuchte Guido. »Die können wir doch nicht ungestraft davonkommen lassen.«

»Jetzt reicht 's mir«, schimpfte Jan. »Ich ruf sofort Karin an!« Er wandte sich um und lief zum Klubhaus zurück.

»Wie viele waren es?«, fragte Guido. Er hielt sich den Kopf an der Stelle, an der ihn das Holzscheit getroffen hatte.

Frank richtete die Taschenlampe auf ihn. »Ich glaube, du blutest!«

»Wie viele es waren, habe ich gefragt«, bohrte Guido ungeduldig nach.

»Zwei oder drei.«

»Und hast du jemanden erkannt?«

»Leider nicht, dazu war es zu neblig.«

KAPITEL 13

Es dauerte kaum fünf Minuten, bis sie das Dröhnen eines Treckers hörten. Das konnte nur Sendler sein, den Karin nach Jans Anruf aus dem Bett geworfen hatte. Guido schaltete sofort den Alarm-Summer aus, damit sie jetzt nicht auch noch davon aufgeschreckt wurden.

»Jetzt sieht Sendler gleich, was die mit seiner Wiese gemacht haben«, sagte Jan. »Ich hoffe nur, dass er uns deswegen keinen Platzverweis erteilt.«

»Warum sollte er das?«, fragte Frank. »Wir haben doch schließlich gar nichts gemacht.«

Trotzdem warteten sie nervös darauf, dass der Bauer mit schweren Schritten zu ihnen geeilt kam. Schließlich konnte es sein, dass er sie vor lauter Wut gleich von seiner Wiese schmiss.

Es war nicht Sendler, der als Erster durch die Tür stürmte, sondern Karin. Während sie hereinpolterte, rief sie auch schon: »Was war los?«

»Hinter der Hütte ...«, begann Frank.

Bevor er weitersprechen konnte, wurde die Tür weiter aufgedrückt. Sendler polterte mit hochrotem Kopf herein. Ohne ein Wort zu sagen, nickte er Frank grimmig zu, als erwartete er, dass Frank ohne Unterbrechung mit seiner Erklärung fortfuhr.

»Eh, ja ...«, versuchte Frank den Faden wieder aufzunehmen. »Hinter dem Haus ... da waren drei komische Typen. Aber als wir auf sie zu sind, haben die sich ganz schnell davongemacht.«

»Und was ist mit dir?«, fragte Sendler in Guidos Richtung. »Haben sie dich zusammengeschlagen?«

Der Junge schüttelte den Kopf. »Nein, nicht so ganz. Ich bin ... eh, in den Holzstapel gelaufen, der hinter dem Haus steht.«

Sendler nickte grimmig. »Und das mit der umgepflügten Wiese und dem Überfall gestern? Wie lange wolltet ihr mir das eigentlich verheimlichen?«

»Ich hab meinem Vater auf der Hinfahrt schon alles gestanden«, erklärte Karin.

»Wir dachten ja nur ...«, stammelte Frank, »wenn wir Ihnen und den anderen Eltern von der nächtlichen Umpflüg-Aktion erzählt hätten, hätten wir hier nie schlafen dürfen.«

»Da hast du verdammt Recht, Junge«, schimpfte Sendler. »Das ist der größte Schwachsinn, von dem ich je gehört habe. Anderer Leute Wiesen umzupflügen ist kein Kavaliersdelikt. Und die Wiese gehört immer noch mir! Ihr hättet mich sofort verständigen müssen, nachdem ihr die Pflugspuren entdeckt hattet.«

Frank nickte kleinlaut. »Kann ja sein«, sagte er. »Aber wir haben uns einfach nicht getraut.«

»Na gut, reden wir später darüber. Zuerst will ich mir ansehen, was die Kerle heute Nacht wieder angestellt haben.«

Sendler drehte sich auf dem Absatz um und stampfte aus der Hütte.

»Meine Güte, hab ich vielleicht Druck bekommen«, zischte Karin, bevor sie sich umdrehte und ihrem Vater folgte.

»Also denn«, sagte Guido. »Dann wollen wir mal nachsehen, ob die hammerharten Typen Zeit hatten, irgendwas anzustellen, bevor ich sie in die Flucht geschlagen habe.«

Frank und Jan hatten mittlerweile immerhin ihre Schuhe angezogen, sodass sie jetzt nicht mehr mit nackten Füßen durch das nasse Gras laufen mussten. Als sie herauskamen, stand Sendler schon über die Überreste des Holzstapels gebeugt, den Guido niedergerissen hatte. Mit einem wütenden Ruck fuhr er zu den Coolen Kickern herum.

»Ihr seid sicher, dass hier hinten jemand war?«

»Aber klar«, antwortete Guido. »Ich hab sie doch ganz genau gesehen. Sie haben da an der Mädchen-Umkleidekabine am Boden gehockt und irgendwas gemacht.«

Sendler ging zwei Schritte weiter und dann in die Hocke. »War das etwa hier?«, fragte er drohend.

Die drei Coolen Kicker nickten wie auf ein geheimes Kommando.

»Und ihr seid sicher, dass euch sonst nichts fehlt?«, donnerte Sendler. Er richtete sich wütend wieder auf. »Wegen so was holt ihr mich mitten in der Nacht her? Das darf doch wohl nicht wahr sein!«

»Wegen was?«, fragte Frank verwirrt. »Ich verstehe überhaupt nicht, was Sie meinen.«

»Typisch Städter«, schimpfte Sendler weiter. »Jagen mich wegen ein paar Rehen raus!«

»Rehe«, ächzte Guido. »Das kann nicht sein. Ich hab doch deutlich gesehen, wie genau da drei Typen am Boden gehockt haben ...«

Frank wäre am liebsten im Boden versunken. Was Sendler behauptete, machte leider Sinn. Es hätte ihm eigentlich schon auffallen müssen, dass das Trappeln, das sie gehört hatten, nicht zu Eberhard oder gar zu Erwachsenen passen konnte.

»Es tut uns schrecklich Leid, dass wir Sie deswegen aus dem Bett gejagt haben«, stotterte er. »Aber wir dachten wirklich ...«

»Ich kann mir gut vorstellen, was ihr gedacht habt«, knurrte Sendler. »Nachdem jemand letzte Nacht euren Fußballplatz halb umgepflügt hat, kann ich euch auch irgendwie verstehen. Trotzdem wäre es jetzt am besten, ihr würdet eure Klamotten packen und nach Hause verschwinden.«

Das sah Frank gar nicht so. »Wenn wir jetzt unsere Eltern anrufen, bekommen wir ein Riesendonnerwetter ...«

»Was ihr auch verdient habt«, unterbrach ihn Sendler.

»Mag sein«, gab Frank zu. »Aber trotzdem ...«

Er erzählte dem Bauern von der Falle, die sie dem Attentäter stellen wollten. Guido steuerte ein paar technische Details über die Lichtschranke und die Videokamera bei.

»Wenn ihr mich fragt«, sagte Sendler, »habt ihr zu viele Krimis gesehen. Aber von mir aus. Ihr müsst mir aber versprechen, morgen euren Eltern reinen Wein über die umgepflügte Wiese einzuschenken.«

»Und ruft uns an, wenn wirklich jemand auftaucht«, fügte Karin hinzu.

»Klar«, versprach Frank.

»Aber keinen Fehlalarm mehr wegen ein paar Rehen«, drohte Sendler. »Ich hab 's nämlich gar nicht gern, wenn ich nachts umsonst aus dem Bett hüpfen muss.«

»Puh, das war ja wohl voll daneben«, stöhnte Jan, nachdem die Sendlers wieder abgezogen waren. »Jetzt haben wir uns aber mächtig blamiert.«

»Das kannste laut sagen.« Guidos Nicken wirkte im flackernden Licht der einzigen noch brennenden Kerze reichlich abgehackt. »Da klopp ich mich mitten in der Nacht mit ein paar Holzscheiten herum, nur weil Rehe hinter unserer Hütte Schutz suchen.«

Die beiden anderen lachten.

»Ich weiß nicht, was daran so lustig ist«, schimpfte Guido. »Ich hab ne ganz schön dicke Beule am Kopf.«

»Selber Schuld«, sagte Jan. »Schließlich war diese ganze nächtliche Aktion deine Idee.«

»Ja, und ich hab sogar noch mehr Ideen. Wenn heute niemand mehr auftaucht, baue ich die Videokamera so auf, dass sie automatisch die Attentäter aufzeichnet, sobald die durch die Lichtschranke kommen.«

»Und dann klauen sie dir die Videokamera. Nein.« Jan gähnte. »Wenn ihr mich fragt: Ich haue mich jetzt noch für ein paar Stunden aufs Ohr. Und weckt mich nicht, falls ein paar Rehe an unserer Hütte knabbern!«

KAPITEL 14

Frank träumte davon, dass sich Eberhard und Thomy unter den Bauch zweier Rehe geschnallt hatten und sich von ihnen mitten auf den Fußballplatz tragen ließen. Dort machten sie sich los und schaufelten die ganze Nacht über eine große Grube, die sie im ersten Morgengrauen wieder sorgfältig abdeckten. Als die Coolen Kicker morgens darüber liefen, brach die dünne Grasdecke unter ihnen zusammen.

Frank schlug hart mit dem Kopf auf.

Der Schmerz weckte ihn. Zu seiner Verblüffung lag er nicht in einer Fallgrube, sondern direkt neben dem Tisch in ihrem Klubhaus. Er war von der Bank gerollt und hatte sich an einem Tischbein den Kopf angeschlagen.

»Was zum Teufel ...?«, fluchte Guido.

Die sicher auf einem Metallteller stehende Kerze war mittlerweile fast ganz heruntergebrannt, aber ihr flackernder Schein reichte noch immer aus um zu erkennen, dass Frank nicht mehr auf der Bank lag.

»Wo bist du, Frank?«, flüsterte Guido.

»Hier unten«, antwortete Frank unglücklich. »Ich bin runtergefallen ...«

In diesem Moment gab ihr Alarmsummer einen durchdringenden Ton von sich.

Frank sprang so ruckartig auf, dass er mit dem Kopf auch

noch gegen die Tischplatte donnerte. Einen Moment lang sah er Sternchen.

»Jetzt ist es so weit«, zischte Guido. »Die Alarmanlage meldet einen Eindringling.«

»Verschärft«, stieß Jan hervor, der mittlerweile ebenfalls hochgeschreckt war. »Ich ruf gleich Karin an.«

»Das lass erst mal bleiben«, wehrte Frank ab. »Wenn das nur ein Fehlalarm ist, macht uns Sendler platt.«

»Genau«, pflichtete ihm Guido bei. »Wir sehen erst mal selber nach, was los ist.«

»Und wenn das nun eine Übermacht ist?«, fragte Jan unglücklich.

»Dann nimm das Handy mit, dann kannst du immer noch anrufen.« Frank war schon halb bei der Tür. »Und jetzt leise. Wer auch immer dort eingedrungen ist, muss ja nicht gleich wissen, dass wir ihn entdeckt haben.«

Guido schob die Tür weiter zurück und die drei huschten hinaus in die graue Nacht. Der Fußballplatz lag nebelverhangen vor ihnen. Es war unmöglich, zu erkennen, ob sich jemand am Spielfeld zu schaffen machte.

»Wahrscheinlich ist der Alarm nur durch den blöden Nebel ausgelöst worden«, sagte Guido stockend.

Frank überlief ein kaltes Frösteln. Es war eine fast gespenstische Stimmung und es schien ihm, als würde er in dem feuchten Grau vor ihnen dunkle Gestalten tanzen sehen. Die Kälte fraß sich in seinen Körper und seine Haut kribbelte, als würden tausende winziger Nadeln hineingestochen.

»Wir sollten eigentlich nachsehen«, flüsterte Jan.

Guido nickte. In dem verwaschenen Grau wirkte die Bewegung seltsam verschwommen. »Du hast vollkommen Recht.«

Doch keiner der drei rührte sich auch nur einen Schritt von der Stelle. Wie angewurzelt blieben sie stehen, in der vergeblichen Hoffnung, der jeweils andere würde als Erster nachsehen gehen.

»Also dann«, sagte Frank heiser. Ohne weiter zu zögern setzte er sich in Bewegung. Er hielt seine schwere Taschenlampe wie einen Schlagstock in der Hand, aber sie konnte ihm leider nicht das Gefühl von Sicherheit vermitteln, das er jetzt gebraucht hätte.

So leise wie möglich schlich er über das Gras. Seine Freunde folgten ihm, wie er bemüht, kein verräterisches Geräusch zu machen.

»Die Videokamera«, flüsterte Guido plötzlich. »Ich hab sie drinnen liegen lassen.«

Bevor Frank darauf antworten konnte, hörte er ein merkwürdiges Geräusch, das fast klang, als würde Holz aufeinander gerieben. Er blieb abrupt stehen.

»Wenn das wieder Rehe sind«, sagte Guido leise, »dann gebe ich 's für heute Nacht endgültig auf.«

Frank winkte mit der Hand ab. »Das sind keine Rehe.«

Obwohl er am liebsten auf der Stelle kehrtgemacht hätte, schlich er vorsichtig weiter. Sein Herz hämmerte laut und schmerzhaft und seine Knie fühlten sich an, als wären sie mit Wackelpudding gefüllt.

Irgendetwas stimmte nicht. Diese Wiese erschien ihm viel größer als je zuvor. Ob das nur an dem feuchten Grau lag, das sie einhüllte? Oder hatte er die Orientierung verloren? Vielleicht stolperte er irgendwo neben dem Fußballfeld auf den Feldweg zu, vorbei an den Lichtschranken und an dem, was sie ausgelöst hatte – bis es ihn hinterrücks anfiel.

Die Furcht vor dem im Nebel lauernden Unbekannten legte sich erstickend auf seine Gedanken. Trotz der Kälte waren seine Hände mit einem Mal so schweißnass, dass ihm fast die Taschenlampe entglitt.

Das Geräusch setzte wieder ein, erschreckend nah diesmal. Es klang beinahe – wie ein Sägen.

Im selben Moment begriff Frank, was das bedeutete. Jemand machte sich an den Toren zu schaffen!

Er knipste die Taschenlampe an und stürmte in die Richtung los, aus der das Sägen erklang. Der Nebel schien den Lichtstrahl geradezu aufzusaugen und trotzdem reichte er aus, um ihn den schattenhaften Umriss eines der beiden Tore erkennen zu lassen. Eine massige Gestalt hockte an einem Torpfosten.

Diesmal war es kein Tier. Es war ein großer, massiger Mann, der sich schwerfällig erhob, als die drei Coolen Kicker auf ihn zurannten. Frank war viel zu aufgeregt um zu überlegen, was er jetzt tun sollte. Er ging einfach schnurstracks auf den Mann zu und leuchtete ihm ins Gesicht.

Als er erkannte, wer sich da nachts auf ihren Platz geschlichen hatte, zuckte er erschrocken zurück. Es war der alte Wenzel, der sie ein paar Wochen zuvor mit einer Schrotflinte vor sich hergejagt hatte!

Vor lauter Schreck brachte er kein Wort heraus. Ganz im Gegenteil zu seinem Gegenüber.

»Nimm sofort die Lampe runter, du unverschämter Kerl«, schimpfte der Alte. »Sonst setzt es was.«

»Aber was ... was machen Sie hier?«

Der alte Mann antwortete nicht. Das war auch gar nicht nötig.

»Das ist ja wohl voll krass«, staunte Guido. »Der wollte unsere Tore umsägen!«

»Ich weiß nicht, Bürschchen, wie du auf so einen Unsinn kommst«, brummte der alte Bauer. Doch die Säge in seiner Hand zitterte leicht, als wolle sie darauf aufmerksam machen, dass er log.

Frank fragte sich, was er machen sollte, wenn der alte Mann plötzlich mit der Säge ausholen würde um ihn zu schlagen.

»Es wäre besser für euch, wenn ihr euch hier nicht herumtreiben würdet«, fuhr Wenzel grimmig fort. »Hier spukt es nämlich.«

Frank zitterte mittlerweile am ganzen Körper, aber jetzt war es mehr Wut als Angst. »Sie waren es also, der gestern Nacht unseren Fußballplatz umgepflügt hat.«

»Ich war gar nichts«, knurrte der alte Mann. »Ich wollte euch leichtsinnige Gesellen nur warnen. Ihr dürft hier nicht sein – schon gar nicht nachts. Weil es hier spukt.«

»Und die Säge in Ihrer Hand?«

»Die hab ich hier gefunden. Ich sag euch: Diese Wiese ist verhext. Ihr solltet sofort eure Hütte räumen und euch hier nie wieder blicken lassen.«

Der alte Bauer ließ sich auf kein weiteres Gespräch mehr ein. Er drehte sich auf dem Absatz um und wurde schon wenige Schritte weiter vom Nebel verschluckt wie ein Gespenst, das sich plötzlich in Luft auflöst.

Frank war wie vor den Kopf geschlagen. Er hatte mit allem Möglichen gerechnet. Damit, dass Eberhard und Thomy ihren Kreuzzug gegen die Coolen Kicker weiterhin fortsetzten – aber nicht mit dieser unheimlichen nächtlichen Begegnung.

Wortlos trollten sich die drei in ihre Hütte zurück. Erst dort begannen sie aufgeregt durcheinander zu reden und die wildesten Vermutungen anzustellen.

»Wir sollten vielleicht doch besser Karin anrufen«, sagte Jan schließlich.

»Ne«, knurrte Frank. »Das halte ich für gar keine gute Idee.«

»Und wenn er noch mal auftaucht wie ein Gespenst aus einem Horrorfilm?«

Frank schüttelte entschieden den Kopf. »Das glaube ich nicht«, sagte er.

»Und außerdem nehme ich das nächste Mal meine Videokamera mit«, kündigte Guido an. »Wenn ich das nicht filme, glaubt uns die Geschichte doch kein Mensch.«

»Wenn der nun aber ein Gespenst war«, sagte Jan schaudernd, »dann kann man ihn vielleicht gar nicht filmen!«

»Es gibt keine Gespenster«, beschied ihm Guido barsch.

»Zumindest nicht auf Fußballplätzen«, ergänzte Frank.

Guido lachte rau auf. »Genau. Der wollte uns nur Angst machen.«

»Was mich angeht, so hat er sein Ziel auch erreicht«, schauderte Jan. »Mann! Das war ja so voll krass unheimlich – wie die Begegnung mit einem Vampir auf einem Friedhof.«

»Erzähl mir jetzt nicht auch noch was von Friedhöfen«, sagte Frank nervös. »Mir hat Wenzels Auftritt mit der Säge in der Hand schon gereicht. Ich dachte, der würde mir gleich eins damit überziehen!«

Guido klapperte im Limokasten herum und nahm sich eine Flasche Zitronenlimonade. »Wollt ihr auch was trinken?«

»Klar«, nickte Jan. »Ich bin ganz ausgetrocknet. Und heute Nacht werde ich sowieso kein Auge mehr zubekommen.«

»Das wäre gar nicht schlecht«, meinte Guido, während er die Limoflasche aufschraubte. »Weil wir nämlich noch was zu erledigen haben.«

»Was denn?«

»Wir sollten ein bisschen über Wenzels Gruselauftritt nachdenken. Denn eine Frage bleibt dabei in jedem Fall offen: Warum hat er diese Horror-Show abgezogen?«

KAPITEL 15

In dieser Nacht kamen sie zu keinem brauchbaren Ergebnis mehr. Allerdings war auch nicht an Schlaf zu denken. Jedes noch so kleine Geräusch versetzte sie in Alarmstimmung. Jan hielt die ganze Zeit das Handy fest umklammert, als könne er damit jegliche Art von Gefahr abwenden. Doch im Notfall würde es wahrscheinlich mindestens zehn Minuten dauern, bis Sendler hier wäre. Frank stellte sich lieber nicht vor, was ein Typ wie Wenzel in einer solchen Zeitspanne alles anstellen konnte.

Als am Morgen die Vögel zu zwitschern anfingen und die ersten Sonnenstrahlen durch die Nebeldecke brachen, atmete Frank erleichtert auf. »Also, wie besprochen«, sagte er. »Sehen wir zu, dass wir die Zeit nutzen, um dem alten Wenzel auf die Pelle zu rücken.«

»Ich glaub ja, dass der hier einen Schatz versteckt hat«, sagte Jan. »Schließlich hat ihm die Wiese gehört, bevor sie sein Sohn an Sendler verkauft hat.«

»Ob Schatz oder nicht – irgendwas hat er hier mit Sicherheit zu verbergen. Finden wir also raus, was es ist.«

Es war Frank gar nicht wohl bei dem Gedanken, im nebelverhangenen Morgengrauen die Wiese abzusuchen, in der in der Nacht die unheimliche Begegnung mit Wenzel stattgefunden hatte. Aber Jan war nicht zu bremsen angesichts der Vorstellung, der alte Bauer könnte hier vor langer Zeit irgendwo einen Schatz vergraben haben.

»Ich kann ihn förmlich spüren, den Schatz«, sagte Jan. »Hier irgendwo muss er stecken.«

»Träumer«, knurrte Guido. Er hatte sich neben den beschädigten Torpfosten gehockt, an dem sich Wenzel mit der Säge zu schaffen gemacht hatte. »Der einzige Schatz hier ist unser Fußballplatz. Und ich bin froh, dass wir gerade noch rechtzeitig gekommen sind um Wenzel daran zu hindern, unsere Tore umzunieten.«

»Wie sieht 's denn aus?«, fragte Frank nervös. »Hat er großen Schaden angerichtet?«

Guido schüttelte den Kopf. »Nicht der Rede wert. Hier ist nicht mehr als eine klitzekleine Kerbe zu sehen.«

Jan stiefelte in der Zwischenzeit mit Riesenschritten über die Wiese. »Wo könnte er denn nur sein, der Schatz?«

Guido warf ihm von unten einen schrägen Blick zu. »Falls er hier wirklich ist, hätte ich schon eine Idee.«

»Du immer mit deinen Ideen.« Jan schüttelte den Kopf. »Bei Schätzen helfen keine Ideen nicht. Da braucht man einfach das richtige Spürnäschen.«

»Von wegen: Da helfen keine Ideen nicht! Lern erst mal richtig Deutsch.«

»Brauch ich nicht. Wenn ich erst den Schatz gefunden habe, bin ich so stinkreich – da kann ich mir einfach einen Schein kaufen, auf dem steht, dass ich Professor Doktor Doktor bin ...«

»Der ›Professor‹ hier bin immer noch ich«, wies ihn Guido zurecht, während er aufstand und zu dem frisch umgepflügten Teil der Wiese ging. »Und deswegen bin ich auch der Einzige von uns drei, der ab und zu eine gute Idee hat.«

»Na, na«, machte Frank.

»Ist nicht persönlich gemeint«, murmelte Guido gedankenverloren.

Er starrte auf das Umgepflügte, als hätte er noch nie einen Acker gesehen.

»Willst du hier irgendwas anpflanzen?«, fragte Jan spöttisch. »Wie wär 's mit einer kleinen Fußballpflanzung?«

»Das wäre nicht schlecht.« Guido schüttelte den Kopf. »Aber ich bin auf etwas ganz anderes aus. Warum, frage ich mich, hat Wenzel gerade diesen Teil hier umgepflügt?«

»Na, ganz einfach«, sagte Jan. »Um uns mit dieser abgefahrenen Aktion die Lust am Spielen zu verderben.«

»Ja, auch. Aber ich glaube nicht, dass das der einzige Grund war. Er hat sich genau das Zentrum der Wiese ausgesucht. Wieso?«

Frank begann langsam zu begreifen, worauf Guido hinauswollte. »Du meinst ...«

»Ich meine, dass er hier etwas gesucht hat.« Guido wies mit dem Zeigefinger in die Mitte der Pflugspuren. Trotz des Bodennebels war deutlich ein kleiner Erdhügel zu erkennen.

»An dieser Stelle hat Wenzel nicht nur gepflügt. Da hat er auch gegraben!«

Frank nickte aufgeregt. »Weil genau dort das war, was er gesucht hat.«

»Dann ist er ja weg, der Schatz«, jammerte Jan.

»Aber nicht doch, Schmalhirn«, wies ihn Guido zurecht.

Jan plusterte sich regelrecht auf. »Und warum nicht, du Professor, du?«

»Weil er dann heute Nacht nicht wiedergekommen wäre.«

»Da ist was dran«, rief Jan erfreut. Ohne zu zögern setzte er sich in Bewegung und rannte auf die Erhebung zu. »Dann ist er ja noch da, der Schatz.«

»Kindskopf«, murmelte Guido. Er drehte sich um und ging zur Hütte zurück. Kurz darauf kam er mit Spaten und Schaufel zurück.

Jan hatte sich mittlerweile in den Dreck gehockt und wühlte darin herum wie ein Dreijähriger im Sandkasten. »Ich find nichts«, sagte er enttäuscht.

»Aus dem Weg«, befahl Guido. Er stieß den Spaten in die Erde und hob auf einen Schlag mehr aus, als Jan bislang mit den Händen geschafft hatte. Frank folgte mit der Schaufel seinem Beispiel.

Sie gruben mindestens zehn Minuten lang, bis Frank allmählich die Hoffnung verlor.

»Also ist er doch nicht hier, der Schatz«, sagte Jan traurig.

»Lös mich lieber ab, statt rumzujammern«, sagte Frank. »Mir tun nämlich langsam die Arme weh ...«

Im gleichen Augenblick stieß er mit der Schaufel auf etwas Hartes. Er stieß ein zweites Mal zu. Es klackte metallisch.

Jan legte den Kopf schief. »Der Schatz?«, fragte er verblüfft.

»Weiß nicht.« Frank ließ die Schaufel fallen und grub mit den Händen weiter. »Aber ...«, stammelte er, als er fand, was er mit der Schaufel angeschlagen hatte. »Krass. Was ist das denn?«

»Ja, was denn?«, schrie Jan aufgeregt. »Goldmünzen? Edelsteine? Eine Königskrone?«

Frank schüttelte verwirrt den Kopf. Mit zwei spitzen Fingern förderte er das zutage, was er ausgegraben hatte, und legte es vor sich auf den feuchten Ackerboden.

Sprachlos starrten die Coolen Kicker das Teil an. Das hatten sie nun wirklich nicht erwartet.

Wenzel hatte eine Waffe gesucht! Vor ihnen lag ein großer, angerosteter und erdverkrusteter Revolver!

KAPITEL 16

Als Frank zwei Stunden später in der Küche seiner Eltern beim Frühstück saß, war er recht einsilbig. Sein Vater wollte wissen, wie die Nacht verlaufen war, aber Frank antwortete nur ausweichend. Er war sich zwar bewusst, dass er seinen Eltern nicht auf Dauer die Sache mit dem umgepflügten Acker und dem angerosteten Revolver verschweigen konnte, aber er hielt sich an ihren Plan, der vorsah, dem Geheimnis des alten Mannes ohne Erwachsenenhilfe auf den Grund zu gehen.

Kurz vor zehn stiegen Frank und Jacki auf ihre Räder und radelten in Richtung Wenzelhof davon. Auf dem Weg dorthin erzählte Frank seiner Schwester ganz genau, was letzte Nacht passiert war – und welch überraschenden Fund sie am frühen Morgen gemacht hatten.

»Ihr seid vielleicht ein paar Spinner«, entfuhr es ihr. »Das ist doch lebensgefährlich, was ihr da treibt.«

»Ganz so schlimm wird 's schon nicht werden«, antwortete Frank. »Jedenfalls haben wir es nicht nur mit der Mistkröte Eberhard zu tun, sondern auch noch mit diesem durchgeknallten Wenzel. Jetzt treffen wir uns erst mal, um den Grund für seine nächtliche Revolver-Suche rauszubekommen!«

»Das ist ja eine echt abgefahrene Geschichte!« Jacki wurde

ganz blass um die Nase. »Stecken der alte Mann und Eberhard vielleicht unter einer Decke?«

»Das kann ich mir nun beim besten Willen nicht vorstellen«, lachte Frank. »Außerdem werden wir es gleich rausbekommen – wenn wir dem alten Wenzel ein bisschen einheizen.«

»Passt bloß auf, dass der nicht euch einheizt«, sagte Jacki erschrocken. »Der hat doch immerhin ein Schrotgewehr!«

Frank trat kräftiger in die Pedale und zog Jacki ein Stück davon. Natürlich hatte seine Schwester mit ihren Einwänden Recht. Aber trotzdem: Wenn sie ihren Fußballplatz behalten wollten, mussten sie das Risiko eingehen, unter Umständen Bekanntschaft mit einer Schrotflinte zu machen.

Hinter der nächsten langen Kurve tauchte der große Wenzelhof auf. Die meisten Gebäude waren in einem schlechten Zustand, nur das neue Wohnhaus oben am Wegrand machte einen gepflegten Eindruck. Das Aussiedlerhäuschen dagegen, das der sture Altbauer bewohnte, sah so aus, als ob es schon seit Jahrzehnten keinen frischen Anstrich mehr bekommen hätte.

An dem kleinen Weiher, der an den verwilderten Garten des Aussiedlerhäuschens angrenzte, hatten sich bereits ihre Freunde versammelt.

»Wir können gleich loslegen«, rief ihnen Luki aufgeregt entgegen. »Ich hab mich rangeschlichen und durchs Fenster geguckt. Der Mann mit der Schrotflinte ist da.«

»Na wunderbar.« Frank stieg von seinem Rad ab und lehnte es gegen einen Baum. »Und wenn du weiter so rumschreist, wird er gleich rauskommen und dir damit eine Schrotladung aufbrennen.«

Sie zögerten nicht länger. Da die Familie des Jungbauern in der Kirche war, konnten sie so viel Krach machen, wie sie wollten – dem Altbauern würde garantiert niemand zu Hilfe kommen und damit ihren Plan zunichte machen.

Sie versammelten sich vor dem Aussiedlerhäuschen. »Also dann«, forderte Frank Karin auf. »Du kannst loslegen.«

Als sie daraufhin klingelte, passierte erst einmal gar nichts. Sie versuchte es noch ein zweites und ein drittes Mal, bis es ihr schließlich zu bunt wurde. »Der Typ ist doch da«, sagte sie. »Also werden wir ihn auch aus seinem Bau treiben.«

Ohne eine Antwort abzuwarten legte sie ihren Finger auf den Klingelknopf. Der Summer dröhnte durch das kleine Haus. Gleichzeitig hämmerte Karin mit der linken Faust gegen die Tür.

»He«, rief sie. »Aufmachen!«

Frank und Guido wechselten einen erschrockenen Blick. Ihnen war gar nicht wohl bei der Sache. Was, wenn der alte Mann plötzlich mit der Schrotflinte in der Tür stand? Schließlich war er, nach dem Fund auf der Wiese zu urteilen, früher sogar eine Art Revolverheld gewesen.

Doch Wenzel ließ sich immer noch nicht blicken. Dafür fing aber der Hofhund oben am Neubau wie wild an zu bellen.

»Ich hoffe, der ist angeleint«, murmelte Luki erschrocken. »Der ist nämlich gar nicht spaßig drauf.«

Das war zu hören. Mit sich geradezu überschlagender

Stimme setzte der Hund seine Kläfferei fort. Frank erwartete, ihn jeden Moment zwischen den Stallungen hervorschießen zu sehen.

Stattdessen wurde nun endlich die Tür aufgerissen und dann stand der alte Bauer auch schon wutschnaubend vor ihnen – aber zumindest waren seine Hände leer.

»Was wollt ihr Gören von mir? Warum bringt ihr den Hund so zur Raserei?«

Karin zuckte leicht zusammen, doch sie fasste sich erstaunlich schnell wieder. »Schöne Grüße von meinem Vater«, sagte sie mit kräftiger Stimme. »Er möchte wissen, was das mit der umgepflügten Wiese soll.«

»Davon weiß ich nichts.«

»Aber Sie haben doch heute Nacht gesagt ...«

»Ich kann heute Nacht gar nichts gesagt haben«, unterbrach sie der Alte schroff. »Weil ich nämlich selig geschlafen habe. Und außerdem habe ich die Säge nur zufällig gefunden.«

»Woher wissen Sie denn das mit der Säge, wenn Sie heute Nacht nicht oben am Fußballplatz waren?«, fragte Jacki mutig.

»Kein Wort mehr rede ich mit euch.« Der alte Mann wollte die Tür zuknallen, aber Karin hob die Hand und sagte rasch:

»Wenn Sie nicht mit uns reden wollen, wird mein Vater kommen – zusammen mit der Polizei!«

Wenzel blinzelte verwirrt. In diesem Moment tat er Frank sogar ein bisschen Leid. »Wenn ich es euch doch sage, dass ich von nichts weiß ...«

»Das glauben wir aber nicht«, sagte Guido. »Welche Leiche haben Sie denn unter unserem Fußballplatz versteckt?«

Wenzel zuckte zusammen, als habe ihn der Blitz getroffen. »Überhaupt keine Leiche!«, schrie er. »Was fällt euch eigentlich ein, hinter einem harmlosen alten Mann herzuschnüffeln?«

KAPITEL 17

Ein knatterndes Geräusch ließ Frank zusammenzucken. Es näherte sich von oberhalb, von der kleinen Stichstraße her, die den abgelegenen Bauernhof mit der Außenwelt verband. Der Hund, der sich mittlerweile etwas beruhigt hatte, fing wieder wie wild an zu kläffen.

»Wer kann denn das sein?«, fragte Jacki verwirrt.

Auch Wenzel wirkte ratlos. Doch zumindest ließ er die Tür wieder los, die er gerade hatte zuknallen wollen.

Zwischen Scheune und Neubau schoss ein Moped hervor und auf dem hockte der alte Perschke.

»Wie kommt der denn hierher?«, fragte Frank überrascht.

»Ich war heute Morgen bei ihm«, sagte Guido ruhig, »und hab ihm unser Fundstück übergeben.«

Da bog das Moped auch schon zu ihnen ein und kam direkt vor Luki zum Stillstand.

»Guten Morgen«, sagte Perschke, während er von seinem Gefährt stieg und es aufbockte.

Er nickte Wenzel zu. »Grüß dich, Ludwig. Wie ich sehe, hast du Ärger mit der Fußball-Clique hier.«

»Ich wüsste nicht, was dich das angeht, Karl.«

»Och, das würde ich aber ein bisschen anders sehen.« Perschke holte einen Beutel aus der Tasche seiner alten Motorradjacke. »Es geht doch um das hier, oder?«

Wenzel erstarrte. Ganz langsam begann ein Schweißtropfen über seine Stirn die Nase hinabzulaufen, bis er schließlich aufs Kinn tropfte. »Ich hab das Ding noch nie gesehen«, sagte er heiser.

»Aber ich kann mich ganz gut an diesen alten Armee-Revolver erinnern«, sagte Perschke. »Es ist zwar schon fast fünfzig Jahre her – aber ich erinnere mich noch ganz genau, wie stolz du damals immer damit herumgefuchtelt hast.«

»Fünfzig Jahre.« Wenzel lachte heiser auf. »Das ist ja eine Ewigkeit. Wie willst du noch wissen, was damals passiert ist?«

»Ich wüsste gerne, warum du deine Lieblingswaffe auf der Wiese verbuddelt hast. Hast du damit jemanden umgebracht, oder was?«

Wenzel wurde kreidebleich. Seine Hände fingen an zu zittern. »Ich ...«, begann er.

Dann drehte er sich erstaunlich schnell um, griff hinter sich und zog sein Schrotgewehr aus dem Regenschirmständer!

Der Lauf der Waffe zitterte wie wild hin und her, aber das entschlossene Funkeln in seinen Augen ließ diese Bewegung eher bedrohlich als unkontrolliert wirken. Frank und die anderen wichen angstvoll ein Stück zurück.

»Was hast du denn jetzt vor?«, fragte Perschke besorgt. »Willst du uns etwa allesamt erschießen?«

»Verschwindet von hier!«, brüllte Wenzel.

»Das können wir selbstverständlich machen«, sagte Perschke erstaunlich ruhig. »Aber es wird dir nichts helfen,

Ludwig. Dann wird die Polizei zu dir kommen und ein paar sehr unangenehme Fragen stellen.«

Wenzel ließ das Gewehr sinken. »Jetzt ist alles aus«, sagte er tonlos. »Ich hatte gehofft, dass die alte Geschichte ein für alle Mal begraben wäre. Warum musste mein Sohn auch die Wiese verkaufen! Vorher habe ich ja noch den Revolver gesucht – aber ich habe ihn nicht gefunden. Genauso wenig wie vorgestern Nacht.«

Die Coolen Kicker schwiegen betroffen. Sie hatten nichts weiter getan, als eine unbenutzte Wiese zu einem Fußballplatz umzufunktionieren – doch wie es jetzt schien, waren sie dadurch mitten in eine Mordgeschichte getappt.

»Die Kripo-Leute können feststellen, wann zum letzten Mal aus dem Revolver ein Schuss abgegeben worden ist«, behauptete Perschke. »Und die können auch feststellen, ob die Kugeln daraus zu einem ungeklärten Mordfall passen.«

»Das ist mir jetzt alles egal«, sagte Wenzel. »Es muss einfach Schluss sein damit.« Und er begann zu erzählen ...

Nachdem Wenzel geendet hatte, herrschte ein paar Sekunden lang betretenes Schweigen.

»Das ist ganz schön heftig«, sagte Karin schließlich. »Als Sie damals diesen Verehrer Ihrer Tochter zur Rede gestellt haben – wollten Sie ihn da umbringen?«

»Gott bewahre!«, sagte Wenzel erschüttert. »Das wäre mir nicht im Traum eingefallen.«

»Aber warum haben Sie dann die Waffe zu diesem nächtlichen Gespräch an der Wilms mitgenommen?«

»Er war nicht der richtige Mann für Angelika«, sagte der alte Mann eigensinnig. »Ich wollte ihm nur Angst machen ... Aber dann ... dann hat sich dieser Schuss gelöst!«

»Und danach ist der Typ in die Wilns gestürzt«, nickte Jan. »Blubb, blubb, weg war er ...«

Karin warf dem blonden Jungen einen strafenden Blick zu. »Das ist nicht gerade der richtige Zeitpunkt für schlechte Scherze. Aber ich habe eigentlich eine ganz andere Frage, Herr Wenzel.«

»Ja?« Die Augen des alten Mannes richteten sich auf das Mädchen, aber er schien es gar nicht richtig wahrzunehmen. Wahrscheinlich sah er zum tausendsten Mal den nächtlichen Streit vor sich, in deren Verlauf er den alten Armeerevolver gezogen hatte, um einem jungen Mann einen Schrecken einzujagen ...

»Der junge Mann von damals hieß also mit Nachnamen Kirchgesser, oder? War sein Vorname vielleicht Kurt?«

Wenzel zuckte zusammen. »Woher weißt du das?«, flüsterte er entsetzt.

»Weil es in Aichstätten eine Buchhandlung Kurt Kirchgesser gibt«, sagte Karin. »Ich war mal vor ein paar Monaten mit meiner Mutter dort. Kurt Kirchgesser – das klingt einfach so blöd, dass sich mir der Name eingeprägt hat.«

»Hör auf!« Der alte Mann hielt sich mit beiden Händen den Kopf. »Du bringst mich noch um den Verstand!«

»Ich war auch mal dort«, stieß Frank aufgeregt hervor. »Und ich hab auch den Besitzer dieser Buchhandlung gesehen. Der ist Anfang vierzig, hat eine Halbglatze und einen Bierbauch.

»Mensch, das wäre ja ein Ding«, sagte der alte Perschke. »Ludwig, begreif doch!«

»Was soll ich denn begreifen«, sagte Wenzel unglücklich. »Eine zufällige Namensgleichheit! Der Verehrer von Angelika war Anfang zwanzig, hatte volles Haar und war gertenschlank.«

»Ja«, nickte Perschke. »Vor zwanzig Jahren. Aber wie, meinst du, sieht der heute aus?«

Wenzel starrte verwirrt von einem zum anderen. »Aber ich habe ihn doch angeschossen«, sagte er. »Und dann ist er in den Fluss gestürzt ... und blieb bis auf den heutigen Tag verschwunden!«

»Vielleicht haben Sie ihn ja gar nicht schlimm erwischt«, sagte Frank, »und vielleicht ist er schon ein paar Meter weiter wieder ans Ufer geklettert!«

KAPITEL 18

Der Verdacht war so ungeheuerlich, dass sie sofort alles daransetzten um herauszufinden, ob der Buchhändler Kirchgesser mit dem jungen Mann identisch war, der vor zwanzig Jahren Angelika Wenzel nachgestiegen war. Es erwies sich jedoch als gar nicht so einfach, Näheres herauszubekommen. Unter der Privatadresse des Buchhändlers erfuhren sie nur, dass er für zwei Wochen mit seiner Frau verreist war.

Und als Karin am nächsten Tag in der Buchhandlung anrief, bekam sie keine andere Auskunft. Sie würden sich also zwei Wochen gedulden müssen, um Wenzels Mordgeschichte auf den Grund gehen zu können.

»Wir könnten natürlich auch die Polizei einschalten«, sagte Guido, als sie sich alle zusammen am Montagnachmittag in ihrem Klubhaus trafen.

Der alte Perschke, der neben Frank auf der Holzbank Platz genommen hatte, schüttelte den Kopf. »Nur nichts überstürzen. Die Sache ist jetzt so lange her, dass es auf ein paar Tage mehr oder weniger nicht ankommt.«

»Und wenn Wenzel mit seiner Schrotflinte in der Zwischenzeit Amok läuft?«

Perschke lachte. »Das kann ich mir beim besten Willen nicht vorstellen. Nein.« Seine Miene verdüsterte sich. »Eigentlich tut er mir Leid. Ludwig war immer schon ein

Hitzkopf. Aber dass er einen Mord begangen haben soll, kann ich mir beim besten Willen nicht vorstellen.«

»Ein Mord war das auf keinen Fall«, meinte Guido. »Höchstens Totschlag im Affekt. Oder vielleicht auch nur fahrlässige Tötung.«

»Na klar, *Professor*«, sagte Jan ärgerlich. »Du hast mal wieder den totalen Durchblick, was? Aber soll ich dir mal was sagen: Eigentlich fände ich es ganz gut, wenn du dich ab und zu täuschen würdest. Dann hätten wir nämlich vielleicht einen Schatz gefunden statt so ner blöden alten Waffe.«

»Du quatscht vielleicht einen Schwachsinn.« Guido tippte sich an die Stirn. »Als ob ich per Zauberkraft einen Schatz in einen Revolver verwandeln könnte.«

»Ne. Aber gescheit daherlabern tust du wie der allerletzte Strebertyp.«

»Schluss jetzt«, sagte Perschke energisch. »Ihr habt doch in zwei Wochen das Spiel gegen Eberhards Siebener-Auswahl, nicht wahr? Also sollten wir mal langsam mit dem Training anfangen.«

Da Wenzel ihren Fußballplatz nur zur Hälfte umgepflügt hatte, nutzten sie die andere Hälfte zum Training. Besonderen Wert legte ihr Privattrainer auf gründliches Aufwärmen, das die Coolen Kicker möglichst schnell hinter sich brachten.

»Und jetzt zu unserer Schlangenlinienübung«, sagte Perschke. »Da wir keine Kunststoffhütchen haben, nehmt ihr einfach ein paar Holzscheite, die ihr im Abstand von einem Meter auslegt.«

Die Coolen Kicker waren sofort mit Begeisterung bei der Sache. Sie legten zwei Reihen Holzscheite aus und dann ging es los: Zuerst traten Guido und Frank gegeneinander an. Es ging darum, wer als erster die Holzscheite im Slalom umspielt hatte.

Frank war ein kleines Stück schneller, Guido dafür aber – typisch »Professor« – eindeutig eleganter. Danach traten Jan und Jacki gegeneinander an. Das schwarzhaarige Mädchen lächelte dem blonden Jungen spöttisch zu, bevor sie mit erstaunlichem Geschick abzog.

Das konnte Jan natürlich nicht auf sich sitzen lassen. Der Hitzkopf jagte wie ein Wahnsinniger um die Holzscheite herum, bevor er auf halber Strecke seinen Ball verschoss.

Es war ausgerechnet der mit dem Autogramm von Siggi Kakerlake.

»Mit Mädchen spiel ich nie wieder«, brüllte er daraufhin wie abgestochen.

Jacki lachte nur spöttisch und auch Karin grinste abfällig. »Wenn ihr nicht verlieren könnt, könnt ihr alleine weitertrainieren«, meinte Karin dann – und damit zogen sich die beiden zum Klubhaus zurück.

Das konnte ja heiter werden!

Die Jungen ackerten das schweißtreibende Trainingsprogramm durch, das sich Perschke für sie ausgedacht hatte. Dabei musste Frank immer wieder an Karin denken. Das Mädchen gefiel ihm schon sehr gut – aber es hatte auch eine verdammt große Klappe!

Als die Dämmerung einsetzte, waren sie fix und fertig.

»Morgen Abend haben wir Vereinstraining bei Anstetter«, sagte Guido. »Also können wir uns am Mittwoch wieder treffen.«

»Und was nun, wenn sich in der Zwischenzeit einer unserer Lieblingsfeinde auf unserem Fußballplatz austobt?«, fragte Frank, während er sein Gesicht mit einem Handtuch trocken rubbelte. »Sollten wir nicht besser Wache schieben?«

Perschke schüttelte den Kopf. »Das könnt ihr sowieso nicht auf Dauer durchhalten. Von Wenzel droht euch im Moment keine Gefahr. Den Revolver habt ihr schon gefunden – warum sollte er euch also weiterhin vom Platz vertreiben wollen?«

»Bleibt noch Eberhard«, warf Jan ein.

Perschke nickte nachdenklich. »Ja. Nach dem, was ihr erzählt habt, ist das ein nicht zu unterschätzender Gegner. Aber ich habe mitbekommen, dass er im Augenblick auch Privattraining bekommt.«

»Was?«, fragte Frank überrascht. »Glaubt der etwa im Ernst, er könnte es mit uns aufnehmen?«

»Ich glaube schon. Unterschätzt ihn nicht: Er spielt zwar nicht sehr elegant, aber kraftvoll.«

»Und wo trainiert er?«

»Im alten Obstgarten von Thomys Eltern. Die haben letztes Jahr fast alle Bäume samt Wurzelwerk rausgerissen. Und wie ich gehört habe, ist Eberhards Cousin, der sie trainiert, ein angesehener Kreisligaspieler.«

»Umso wichtiger ist es, dass wir jetzt auch jeden Tag am Ball bleiben«, sagte Guido. »Wir können uns doch von

Eberhard und Thomy bei unserem internen Turnier nicht vorführen lassen!«

KAPITEL 19

Dann war endlich der Tag des internen Ausscheidungsspiels gekommen. Die zwei Wochen waren wie im Flug vergangen. Eberhard und Thomy hatten sich auf dem Platz der Coolen Kicker nicht blicken lassen, aber auch im Mordfall Kirchgesser war nichts Neues herausgekommen.

Die Sache mit dem Revolverfund mussten die Coolen Kicker und ihr Privattrainer Perschke also nach dem Spiel klären.

Die Coolen Kicker trafen sich schon sehr früh auf dem Platz des 1. FC Wilnshagen, um sich mit Perschkes speziellen Aufwärm- und Beweglichkeitsübungen für das Spiel fit zu machen. Frank war so aufgeregt, dass er dabei fast über seine eigenen Füße stolperte.

»Vielleicht sollten wir dich lieber gegen Luki auswechseln«, maulte Guido schließlich.

»Ganz ruhig, Mann, ja?«, sagte Frank wütend. »Ich brauch immer ein bisschen Zeit, bis ich mich eingespielt habe. Dafür bin ich dann anschließend umso besser.«

»Dein Wort in Gottes Gehörgang.«

Guido und Jan jonglierten ihre Bälle abwechselnd links und rechts und versuchten sie dabei möglichst lange in der Luft zu halten. Frank machte es ihnen nach. Vor lauter Wut trat er allerdings bei einem Wechsel viel zu fest zu. Der Ball schoss davon und Frank blieb nichts anderes übrig als ihm nachzuhetzen.

In diesem Moment trabten Eberhard und Thomy aus Richtung der Umkleidekabinen heran. Als sie sahen, wie Frank quer über das Spielfeld seinem Ball nachjagte, stemmten sie die Hände in die Hüften und schütteten sich aus vor Lachen.

»Wir spielen doch hier nicht ›Fang den Hut‹«, prustete Eberhard.

Frank hatte seinen Ball endlich erwischt. Mit zitternden Händen nahm er ihn auf.

»Du solltest vielleicht lieber Handballer werden«, johlte Thomy daraufhin.

»Genau«, pflichtete ihm Eberhard bei. »Denn deine Beinarbeit lässt irgendwie zu wünschen übrig.«

Das fing ja gut an. Mit hochrotem Gesicht und den Ball fest an die Brust gepresst lief Frank zu seinen Freunden zurück.

»Musst du uns so blamieren«, zischte ihm Guido zu. »Kannst du nicht wenigstens aufhören den Ball rumzutragen?«

Franks Kehle war wie zugeschnürt und seine Ohren waren so flammendrot, als hätte sie jemand mit einem Streichholz zum Glühen gebracht. »Halt doch die Klappe«, fauchte er seinen Freund an. »Sag uns lieber, was wir jetzt trainieren sollen.«

Guido runzelte die Stirn. »Aber gerne«, sagte er leise.

»Wenn du dann auch tust, was ich dir sage – und nicht wieder wild in der Gegend rumläufst.«

»Wir können ja siamesische Zwillinge spielen«, fauchte Frank. »Dann hast du mich immer unter Kontrolle!«

»Ich werd mich doch nicht noch mal mit dir zusammenbinden!«, empörte sich Guido. »Das letzte Mal, als wir diese Übung gemacht haben, bist du mir voll in die Fersen gelatscht.«

»Ein bisschen leiser ihr beiden, ja«, funkte Jan dazwischen. »Oder wollt ihr Eberhard und Thomy eine kostenlose Show bieten?«

»Wir spielen heute mal wieder auf dem halben Feld, immer sieben gegen sieben«, sagte Anstetter. »Aber denkt daran, dass es in der Halle noch enger wird. Und noch eins: Wer in welcher Position beim Hallenturnier antritt – das entscheide ich nach den heutigen Probespielen.«

»So ein Idiot«, flüsterte Frank. »Der weiß doch ganz genau, wie gut wir sind.«

»Da meinst du wohl Jan und mich, oder?«, gab Guido zurück. »Denn ich bin nach wie vor der Meinung, dass wir dich gegen Luki auswechseln sollten.«

Obwohl Frank wusste, dass ihn sein Freund nur auf den Arm nehmen wollte, spürte er wieder Wut in sich aufsteigen. Doch bevor er zu einer Entgegnung kam, warf ihm der Trainer einen bösen Blick zu.

»Auch Leute mit eigenen Fußballplätzen haben sich an die allgemeine Disziplin zu halten«, fuhr er die Coolen Kicker an.

»Also, stellt bitte euer Gequatsche ab, ihr beiden, damit wir endlich weitermachen können.«

Kurz nach dem Anpfiff schnappte sich Eberhard den Ball und zog mit ihm so kräftig ab, dass er schon nach wenigen Sekunden einen erstaunlich guten Schuss aufs Tor anbringen konnte. Torwart Michael sauste in die obere Ecke ab.

Das runde Leder erwischte den Pfosten genau so am Kreuzeck, dass es einfach ins Tor abgelenkt werden musste. Frank hielt vor lauter Schreck den Atem an. Es fehlte noch, dass Eberhards Mannschaft gleich in Führung ging!

Doch Michael war hoch genug gesprungen, um den Ball in einer verzweifelten Anstrengung mit den Fingerspitzen rauszukicken. Er purzelte mit einer wenig anmutigen Bewegung hinterher und rollte sich über den Rasen ab.

Michael war wirklich ein klasse Torwart!

»Uff«, machte Guido, bevor er lossprintete.

Er erwischte den Ball, kurz bevor er über die Seitenlinie schießen konnte, und jagte ihn mit einem kräftigen Tritt zu Jan vor, der bereits am gegnerischen Tor stand.

Zum Glück galten die Abseitsregeln für die Jugendmannschaft noch nicht, sodass Jan den Ball annehmen konnte. Blitzschnell machte er eine kurze Drehung – und kickte ihn mindestens zwei Meter am gegnerischen Tor vorbei.

Nach diesem heißen Auftakt verbissen sich die beiden Mannschaften regelrecht ineinander. Dass die Coolen Kicker auf der einen Seite und Eberhard und Thomy auf der anderen Seite spielten, führte unweigerlich zu einer härteren Gangart, als es sonst bei vereinsinternen Spielen üblich war.

Als Guido an seinen beiden Freunden vorbeijagte, um sich Eberhard in den Weg zu stellen, nickte er ihnen kurz zu. Die beiden wussten, was das bedeutete: Er und Jan würden sich um Eberhard kümmern, während Frank im Zweifelsfall Thomy blockieren sollte.

Ein blöder Ausputzer-Job war das, und nachdem Frank sowieso schon geladen war bis zum geht nicht mehr, fing er an, statt hinter dem Ball hinter Thomy herzujagen.

Das ging natürlich nicht lange gut. Schon nach wenigen Minuten handelte er sich deswegen einen kräftigen Verweis vom Trainer ein.

»Ich will Fußball sehen und keine Manndeckung wie im Zoo«, schimpfte Anstetter. »Konzentrier dich ein bisschen aufs Spiel ...«

... sonst wechsle ich dich gegen Luki aus, beendete Frank den Satz in Gedanken.

Es war ein verbissenes Match. Keine der beiden Mannschaften konnte die vielen Vorteile nutzen, die sie sich erspielten. Schließlich piff Anstetter zur Halbzeit ab.

Als sie vom Platz gingen, zischte Thomy Frank zu: »Wenn du Halbaffe noch mal so hinter mir herrennst, trete ich dir die Beine unterm Hintern weg!«

KAPITEL 20

Es war natürlich keine reguläre Halbzeitpause, die ihnen der Trainer zugestand, sondern nur eine kurze Erholungszeit, bevor es um die endgültige Entscheidung ging.

»Eberhard spielt heute geradezu unverschämt gut«, sagte Frank, während er sich mit seinen Freunden ein Stück von den anderen entfernte.

»Er spielt nicht gut«, antwortete Guido ärgerlich. »Du spielst einfach katastrophal schlecht! Wenn du so weitermachst, kannst du das mit der Auswahlmannschaft getrost vergessen.«

Das saß. Frank rückte automatisch ein Stück von seinen Freunden ab. Er war ganz schön enttäuscht. Wenn die beiden weiter so auf ihm herumhackten, konnten sie alleine sehen, wie sie in der zweiten Halbzeit Thomy in Schach hielten ...

Gerade, als Franks Laune in rasanter Geschwindigkeit dem absoluten Tiefpunkt entgegenjagte, fielen ihm seine Schwester, Karin und Luki auf, die suchend auf sie zusteuerten.

»Ach, da seid ihr ja!«, lachte Jacki.

»Was macht ihr denn hier?«, fragte Frank böse. »Könnt ihr uns nicht mal während eines Turniers in Ruhe lassen?«

Jacki ließ sich ihre gute Laune dadurch nicht verderben. »Was ist denn in dich gefahren?«, kicherte sie. »Du siehst ja aus, als ob du einen Schleudergang in unserer Waschmaschine hinter dir hättest.«

Dass Karin und die Jungs daraufhin spöttisch lachten, hatte Frank gerade noch gefehlt.

»Beachte ihn einfach gar nicht«, winkte Jan breit grinsend ab. »Dein Bruderherz versucht heute nur alles, um sich selbst ein Bein zu stellen.«

»Ha. Ha. Sehr witzig.«

»Wir sind überhaupt nur gekommen«, sagte Karin, »weil euch jemand sprechen will.«

»Wir müssen aber gleich wieder aufs Spielfeld«, wandte Guido ein.

»Das macht nichts«, sagte eine tiefe Männerstimme hinter ihm. »Ich wollte mich nur bei euch bedanken.«

Die Coolen Kicker wirbelten herum. Wenzel und Perschke standen da und in ihre Mitte hatten sie einen Mann mit Halbglatze und Bierbauch genommen. Das konnte nur Kurt Kirchgesser sein!

»Ich bin froh, dass diese alte Sache nun endgültig ausgestanden ist«, sagte Kirchgesser.

»Aber ... ich verstehe nicht«, stammelte Frank.

»Da ist nicht viel zu verstehen«, sagte der Buchhändler gutmütig. »Das war damals eine ganz schreckliche Geschichte. Nachdem sich der Schuss aus dem Revolver gelöst hatte, bin ich ausgerutscht – und in den Fluss gefallen.«

»Aber ...«

»Ich habe ihn gar nicht getroffen«, strahlte Wenzel. »Und all die Jahre hatte ich geglaubt, ihn erschossen zu haben!«

»Dabei bin ich nach ein paar hundert Metern auf der anderen Seite aus dem Fluss gestiegen – und habe bis heute nie wieder meinen Fuß nach Wilnshagen gesetzt«, schmunzelte Kirchgesser. »Denn um ehrlich zu sein – ich hatte damals schon eine Verlobte in Aichstätten. Und mit ihr zusammen habe ich dann die Buchhandlung übernommen.«

Frank war vollkommen verdattert. Fassungslos sah er von einem zum anderen. Er hatte sich viel vorstellen können – aber nicht, dass Wenzel und sein angebliches Mordopfer jetzt bei ihnen gemeinsam aufkreuzten, um über die schreckliche Nacht vor zwanzig Jahren zu reden, als sei es nicht mehr als eine harmlose Kaffeefahrt gewesen.

»Du kannst den Mund wieder zumachen«, spottete Karin. »Es zieht.«

»Eh, j-j-j-a-a-«, stotterte Frank. »Aber dann war ja ... dann war ja dieses ganze Versteckspiel mit dem Revolver vollkommen umsonst!«

»Stimmt, mein Junge«, sagte Wenzel unglücklich und Kirchgesser fügte hinzu: »Ich hatte ja keine Ahnung, dass mein Beinahe-Schwiegervater sich solche Vorwürfe machte. Für mich war das einfach eine alte Jugendgeschichte, die ich so schnell wie möglich vergessen wollte.«

»Womit mal wieder bewiesen wäre, dass man miteinander reden muss um Probleme zu lösen«, sagte der alte Perschke. »Oder siehst du das anders, Ludwig?«

»Aber nein«, beeilte sich Wenzel zu versichern.

Er wandte sich an die Coolen Kicker. »Ich bin auch gekommen um mich bei euch zu entschuldigen. Natürlich werde ich nicht nur euren Platz wieder in Ordnung bringen – sondern auch ein tolles Spätsommerfest ausrichten! Und diesmal werde ich aufpassen, dass euch nicht irgendwelche grünen Jungs mit Krachern bewerfen!«

Die Neuigkeiten waren so gut, dass Frank gar nicht anders konnte, als seine schlechte Laune zu vergessen. Als Anstetter zur zweiten Runde anpfiff, war er wie verwandelt. Er hielt nicht nur Thomy in Schach, sondern trieb auch selbst das Spiel kräftig voran.

Trotzdem bekamen sie zunächst keinen Treffer ins gegnerische Tor. Das lag nicht zuletzt daran, dass der Tormann von Eberhards Mannschaft geradezu über sich hinauswuchs.

Zum Schluss hin wurde es Frank zu bunt. Er kümmerte sich nicht mehr um Thomy, sondern schnappte sich den Ball, dribbelte an Eberhard vorbei – und donnerte das runde Leder mit solcher Wucht ins Netz, dass der Torwart nur noch fassungslos hinterherschauen konnte.

Karin, Jacki und Luki, die die zweite Halbzeit voller Spannung verfolgt hatten, jubelten. Guido und Jan aber rannten lachend auf Frank zu, nahmen ihn hoch und wirbelten ihn durch die Luft. In diesem Moment pfiff Anstetter das Spiel auch schon ab.

»Mensch, das war Klasse!«, strahlte Jan.

»Ja«, pflichtete ihm Guido bei. »Jetzt steht es in jeder Hinsicht 1 : 0 für die Coolen Kicker!«

Wenn sie da nur nicht die Rechnung ohne Eberhard gemacht hatten! Denn dieser zischte seinem Kumpel Thomy zu:

»Die sollen sich nicht zu früh freuen. Dieses 1 : 0 zahlen wir denen so kräftig heim, dass diese bekloppte Coole-Kicker-Bande nicht mehr aus den Augen gucken kann!«

"TOOR !!

www.coolekicker.de

Die Coolen Kicker haben im Internet ihre eigene Seite!
Du findest sie unter www.coolekicker.de*

Und das bietet sie dir:

- Coole Verbindungen zu wichtigen Fußballvereinen (1. und 2. Liga sowie den zwei Regionalligen)
- Witzige Details zur Buchreihe
- Wissenswertes zu Autoren und Trainer
- Schnappschüsse der Coolen Kicker und ihrer Gegner, Bilder ihrer Fußballspiele – und vieles mehr!

Also einfach reinklicken und nachgucken, was die Coolen Kicker dir so alles zu bieten haben!

* Erstellt von den Autoren in Zusammenarbeit mit Claus Vesters cclive network

Auszug aus der Linkliste unter www.coolekicker.de:
(Alle Links werden ständig überprüft und bei Bedarf aktualisiert)

www.dsfs.de/fussball/junior.htm
http://members.aol.com/jungbaeren/Sonst.html
www.kicker.de
http://fussball.ticker.de/
www.dfb.de/
www.dsfs.de/fussball/index.htm
www.fussball-geschichte.de
http://www.ifj96.de/
http://de.sports.yahoo.com/foot
www.ligalink.de

Winkler & Winkler

Coole Kicker
Schnelle Tore

Die Coolen Kicker
punkten wieder

Jetzt geht's um alles!
Die Coolen Kicker haben den Aufstieg in die Auswahlmannschaft geschafft, doch irgendwer versucht sie mit fiesen Tricks wieder rauszukicken. Erst schwärzt jemand Frank beim neuen Trainer an, dann werden sie von einer wilden Indianerhorde auf ihrer eigenen Fußballwiese aufgemischt. Die Lage wird sogar bedrohlich, bevor die Coolen Kicker beim entscheidenden Spiel so richtig aufdrehen können.

120 Seiten

UEBERREUTER

Winkler & Winkler

Coole Kicker
Schnelle Tore

Große Chance
für Coole Kicker

Probespiel vor Profikickern!
Die Coolen Kicker trainieren auf ihrer
eigenen Fußballwiese wie wild, um beim
Sichtungslehrgang möglichst gut abzuschneiden.
Leider haben sie die Rechnung ohne ihre Gegner gemacht.
Als Erstes lassen die ihre Fußballausrüstung mitgehen.
Dann hetzen sie Eberhards Schlägertruppe auf sie.
Doch die Coolen Kicker drehen den Spieß um
und nehmen zusammen mit Hofhund Hasso
die Verfolgung auf …

120 Seiten

UEBERREUTER

Gute Freunde und Freundinnen und eine eigene Fußballwiese! Da macht den Coolen Kickern das Training doppelt so viel Spaß. Doch ihre Erzfeinde Eberhard und Thomy ersinnen ständig neue Pläne, um sie zu Fall zu bringen. Und dann werden auf ihrer Wiese auch noch Jagdpatronen gefunden, die einen ungeheuren Verdacht auf sie werfen. Nur gut, dass ihre neuen Freunde fest zu ihnen halten …

Winkler & Winkler

Harte Zeiten

für Coole Kicker

UEBERREUTER

Der Text wurde von Jugend-Trainer und Jugend-Leiter Walter Wolf (DFB-B-Lizenz) auf sachliche Richtigkeit überprüft. Verlag und Autoren danken herzlich.

ISBN 3-8000-2063-7

Umschlagillustration von Silke Brix

Druck: Ueberreuter Print
7 6 5 4 3 2 1

Ueberreuter im Internet: www.ueberreuter.at

KAPITEL 1

»Heute Morgen schreiben wir die Deutscharbeit«, sagte Guido, als die drei Coolen Kicker den Hügel in Richtung Schule hinabstiefelten.

Das saß. Frank kickte wütend einen vereisten Schneeklumpen beiseite, der daraufhin wie ein Geschoss auf Guido zujagte.

Das war durchaus nicht als feindlicher Angriff gemeint: Schließlich waren sie alle drei ehrgeizige Fußballer, die gar nicht genug trainieren konnten. Entsprechend geschickt stoppte Guido den harten Schneeklumpen und spielte ihn zu seinem Freund zurück.

»Ein bisschen Aufwärmtraining ist genau das, was ich jetzt brauche«, rief er dabei glücklich.

Tatsächlich war der Schneebrocken so hart gefroren, dass er als Ballersatz geeignet war. Frank schoss ihn zu Jan weiter, den Dritten im Bund der Coolen Kicker. Sie träumten alle drei den gleichen Traum: so gute Fußballspieler zu werden, dass sie beim nächsten Vorspielen im Mai von einem Profiverein entdeckt werden würden.

Doch Frank hatte schlecht gezielt. Der Ballersatz schoss über die festgefahrene Schneedecke der Straße und knallte gegen einen Gartenzaun.

Jan kümmerte sich nicht darum. Er hatte schon einen

zweiten Schneeklumpen losgetreten und spielte ihn jetzt zu Guido hinüber.

»In Deutsch habe ich sowieso keine Probleme«, lachte Guido. »Sonst könnte ich nicht die Millionenverträge verstehen, wenn ich später von einem Bundesligaverein zum nächsten wechsle.«

»Das hilft mir bei so ’nem blöden Aufsatz auch nicht weiter«, gab Frank wütend zurück.

»Du hast halt immer noch nicht kapiert, dass bei uns Rechtschreibung und nicht Linksschreibung gilt«, grinste Guido. »Aber wenn du kurze, klare Sätze zusammenkloppst und nicht die Satzstellung vermasselst, wird’s schon klappen.«

»Klaro, *Professor*«, sagte Frank bewusst lässig. »Am besten schreib ich auch nix von Eberhard seinem besten Kumpel, der uns heimlich hinterher glotzt.«

»Es heißt nicht: ›Eberhard seinem besten Kumpel‹, sondern: ›Eberhards bester Kumpel‹.« Guido erstarrte mitten in der Bewegung. »Du meinst doch nicht in echt Thomy?«

»Was ist das denn für ’ne Ausdrucksweise: ›In echt‹?« Frank schüttelte in gespielter Empörung den Kopf. »Wenn du das im Aufsatz schreibst, streicht dir die Radke aber einen Fehler an – in echt!«

»Hört doch mal auf, ihr beiden«, zischte Jan. Er zertrat unachtsam den Schneeklumpen, den er gerade hatte anspielen wollen, und starrte zurück. »Wenn wirklich Eberhards Kumpel Thomy hier rumschleicht, bedeutet das Ärger. Da der Typ einen ganz anderen Schulweg hat ...«

»… muss der Hirni uns wohl hier aufgelauert haben«, sagte Frank grimmig. »Und wo er ist, ist auch Eberhard nicht weit.«

Guido sah jetzt ein bisschen erschrocken aus. Das war auch kein Wunder. Schließlich war es noch nicht lange her, dass Thomy und Eberhard mit Feuerwerkskörpern die Einweihungsparty auseinander gesprengt hatten, zu der die Coolen Kicker ihre Freunde auf ihre eigene Fußballwiese eingeladen hatten.*

»Wir sollten besser ein bisschen aufpassen«, fuhr Frank fort. »Ich würde mich nämlich nicht wundern, wenn die beiden mal wieder eine Schweinerei ausheckten!«

Zuerst jagten die Coolen Kicker aber noch ein paar Schneeklumpen über die glatte Straße. Dabei taten sie so, als würden sie schon mitten im bevorstehenden Bromberger Hallenturnier um Punkte kämpfen. Eberhard und Thomy, die ihnen beim 1. FC Wilnshagen ständig den Rang streitig zu machen versuchten, sollten vor Neid ganz grün im Gesicht werden!

Die beiden waren sowieso schon stinksauer, weil Trainer Anstetter die Coolen Kicker beim Hallenturnier bevorzugt einsetzen wollte. Daraufhin hatten sie schreckliche Rache geschworen. Wahrscheinlich war das auch der Grund, warum sie die drei Fußballasse an der nächsten Straßenecke abfingen.

* Lies nach in: »1 : 0 für Coole Kicker«, *Coole Kicker – schnelle Tore*

»Auf sie mit Gebrüll!«, schrie Eberhard. Der kräftige Junge hatte eine ganze Ladung steinharter Schneebälle in der Armbeuge.

»In Deckung!«, brüllte Guido.

Frank und Jan duckten sich blitzschnell hinter einen alten Mercedes. »Wir brauchen unbedingt Munition«, keuchte Jan. Gleichzeitig raffte er ein paar hart gefrorene Schneebrocken zusammen.

Da waren Eberhard und Thomy auch schon heran. Wie die Verrückten feuerten sie Schneebälle auf ihre Opfer ab. Frank riss die Hände schützend vors Gesicht. Trotzdem erwischte ihn einer der Bälle direkt oberhalb der Augenbraue. Es war ein steinharter Treffer, der ihm die Tränen in die Augen trieb.

Seinen beiden Freunden erging es kaum besser. Sie brauchten Munition! Mit den Fingern gruben sie sich geradezu in den hart gefrorenen Schnee, um daraus Bälle zu formen.

Eberhard und Thomy blieben kurz vor dem Mercedes stehen und schleuderten blitzschnell einen Schneeball nach dem anderen. Ein zweiter harter Ball erwischte Frank am Kinn. Ein Dritter sauste direkt zwischen Ohr und Kapuze in seine Jacke und glitt augenblicklich an seiner Schulter entlang, um sich dort tröpfchenweise zu verflüssigen.

Es reichte! Das war keine Schneeballschlacht mehr, dass war nicht viel besser, als wenn sich Eberhard und Thomy mit Knüppeln auf sie gestürzt hätten.

»Angriff!«, brüllte Frank so laut er konnte. Seine beiden

Freunde reagierten sofort. Sie sprangen auf und stürzten sich ihren Angreifern entgegen.

Es wäre fraglich gewesen, wie eine Prügelei ausgegangen wäre, denn der große, kräftige Eberhard war als Schläger gefürchtet und konnte es normalerweise schon alleine mit zwei, drei kräftigen Jungen aufnehmen. Aber offensichtlich verfolgte er heute eine ganz andere Taktik. Kaum stürzten die drei Coolen Kicker auf ihre Angreifer los, da drehten er und Thomy auch schon ab und sausten blitzschnell davon.

»Bleibt stehen, ihr Feiglinge!«, schrie Jan hinter ihnen her.

Aber die beiden dachten gar nicht daran. Laut johlend liefen sie auf die nächste Querstraße zu.

Obwohl Frank Lust gehabt hätte, sie zu verfolgen und windelweich zu prügeln, blieb er bereits nach zwei Schritten stehen. »Lasst mal«, keuchte er. »Das zahlen wir denen schon irgendwie anders heim.«

»Ich will mir die Spinner aber jetzt schnappen«, fauchte Jan und machte Anstalten, im nächsten Moment wieder loszuspurten.

Frank hielt ihn am Arm zurück. »Die holen wir frühestens auf dem Schulhof ein. Und was werden die Pauker wohl dazu sagen, wenn wir vor ihren Augen eine Schlägerei anfangen?«

»Ich seh gar nicht ein ...«, begann Jan.

»Frank hat aber Recht«, sagte Guido. »Eberhard will doch nur, dass wir sie verfolgen und angreifen. Dann kriegen wir noch eins auf den Deckel, dass es sich nur so gewaschen hat.«

»Aber die haben mir fast ein Auge ausgeschossen«, jammerte Jan. »Das können wir uns doch nicht so einfach bieten lassen!«

»Das werden wir auch nicht«, versprach Frank. »Wir werden es den Pappnasen heimzahlen.«

»Ich hätte da auch schon eine Idee ...«, sagte Guido nachdenklich.

Der Junge wurde nicht umsonst »Professor« genannt. Er hatte von den dreien nicht nur die mit Abstand besten Noten, sondern sprudelte auch pausenlos gute Einfälle hervor. Selbst die Sache mit ihrer eigenen Fußballwiese war seine Idee: Vor kurzem erst hatte halb Wilnshagen unter Wasser gestanden, weshalb sie keinen Platz mehr zum Trainieren gefunden hatten. Da hatte Guido den Geistesblitz gehabt, doch kurzerhand einen eigenen Fußballplatz auf einer höher gelegenen Wiese einzurichten!

Eberhard und Thomy waren fast ausgeflippt, als sie davon Wind bekommen hatten. Seitdem bekämpften sie die Coolen Kicker noch mehr – und das nicht nur mit Schneebällen.

KAPITEL 2

Guido blickte zwischen seinen beiden Freunden hin und her. »Ihr seht aus, als ob man euch zusammengeschlagen hätte. Und du kriegst bestimmt ein dickes blaues Auge, Frank.«

»Das war ja auch mehr Eis als Schnee«, beschwerte sich Jan. Er fuhr sich mit der Hand in den Ausschnitt seiner Jacke und begann dort zu kratzen. »Das sind einfach solche Idioten, die beiden.«

»Stimmt.« Frank befühlte die Stelle, an der ihn der Schneeball am Kinn getroffen hatte. Sie tat nicht nur höllisch weh, sondern sie juckte auch wie wild. Er riss sich den Handschuh herunter und begann am Kinn zu kratzen.

»He, was ist denn mit euch beiden los?«, staunte Guido. »Ihr seht ja plötzlich aus wie zwei Affen im Zoo, die sich die Läuse aus dem Fell picken.«

»Die Treffer tun nicht nur fürchterlich weh, sie jucken auch wie bescheuert«, fluchte Jan.

»Na gut.« Guido kratzte sich an der Nase. »Dann werden wir uns am besten mal wieder in Richtung Schule schleppen, damit wir nicht zu spät zum Aufsatz kommen!«

Frank konnte sich nicht daran erinnern, schon jemals einen solchen Juckreiz verspürt zu haben. Vor allem dort, wo der schmelzende Schneeball an seinem Hals entlang in seine

Kleidung geflossen war, juckte es unerträglich. Er zog den Reißverschluss seiner Jacke ein Stück auf und fuhr mit der Hand in den Ausschnitt seines Pullovers. Aber so sehr er auch kratzte – es half so gut wie gar nichts.

Seinen beiden Freunden schien es nicht besser zu ergehen. Selbst Guido konnte seine Hände nicht mehr von seinem Gesicht lassen. Aus den zwei Affen auf »Läusejagd« waren drei geworden. Und so wie es aussah, wurde das Kribbeln mit jeder Sekunde schlimmer statt besser.

Als sie kurz vor der Schule den Nachzüglern folgten, die wie sie selbst etwas spät dran waren, sagte Guido plötzlich: »Das hätte ich diesem Schmalhirn Eberhard gar nicht zugetraut! Uns so auszutricksen.«

»Hat der Juckpulver in die Schneebälle eingebacken, oder was?«, fragte Jan, während er merkwürdige Verrenkungen vollführte, um sich gleichzeitig hinter den Ohren und am Hals kratzen zu können.

»Und was für eins«, murmelte Guido grimmig. »Der hat uns voll drangekriegt. Wir müssten eigentlich sofort nach Hause und uns abduschen ...«

»Falls das überhaupt was hilft«, stieß Frank genervt hervor.

Das Jucken brachte ihn fast um den Verstand. Das Schlimmste daran war, dass sie gleich in der ersten Stunde den Aufsatz schreiben würden.

»Können wir uns nicht einfach krank melden?«, schlug Jan vor.

»Wenn wir zu dritt vors Lehrerpult treten und uns kurz

vor dem Aufsatz abmelden wollen, was glaubst du, was dann passiert?«

»Die Radke glaubt uns kein Wort«, sagte Jan unglücklich, »und macht uns mindestens drei Köpfe kürzer.«

»Eben«, nickte Guido. »Wahrscheinlich zieht sie uns auch gleich eine Note ab, wegen der dümmsten Ausrede des Jahrhunderts.«

»Und wenn wir die Wahrheit sagen?«, fragte Frank. »Wenn wir ihr sagen, dass Thomy und Eberhard Juckpulver in die Schneebälle getan haben ...«

»Das gibt noch eine Note Abzug wegen der allerdümmsten Ausrede«, knurrte Guido. »Ich fürchte, es bleibt uns nichts anderes übrig, als zumindest bis zur großen Pause durchzuhalten.«

Fünf Minuten später saß Frank vor seinem aufgeschlagenen Heft. Bis jetzt hatte er keine einzige Zeile zu Papier gebracht. Zum Aufsatzthema »Mein größtes Rodelabenteuer« wollte ihm beim besten Willen nichts einfallen außer der Schilderung einer Schneeballschlacht, bei der eine ganze Wagenladung Juckpulver mit im Spiel war.

»Guido, Jan, Frank! Was ist eigentlich mit euch los?«, schimpfte die Radke. »Hört doch auf, euch wie die Halbaffen zu kratzen – und fangt endlich damit an, eure Aufsätze zu schreiben.«

Ein paar Kinder kicherten, bis ein strenger Blick der Lehrerin sie zur Ruhe brachte.

»Könnte ich mal austreten, Frau Radke?«, fragte Jan leise.

Die Lehrerin sah in fassungslos an. »Während eines Aufsatzes? Was ist denn bloß in dich gefahren?«

Frank wäre am liebsten unter die Bank gekrochen. Doch stattdessen legte er den Füllfederhalter beiseite und fuhr sich mit der rechten Hand wieder in den Pulloverausschnitt, um den schlimmsten Juckreiz wegzukratzen.

Eberhard lachte laut und fast die Hälfte ihrer Mitschüler schloss sich ihm an.

»Wenn ihr drei nicht gleich mit eurem Affenzirkus aufhört«, drohte die Radke, »dann bekommt ihr einen Eintrag ins Klassenbuch.«

Die Radke hat doch ein Rad ab, dachte Frank empört, die weiß gar nicht, worum es geht!

Aber es blieb ihm nichts anderes übrig, als seinen Zorn für sich zu behalten. Mit einer geradezu übernatürlichen Willensanstrengung zog er seine Hand zurück und packte den Griff seines Füllers, als wollte er ihn erwürgen. Dann endlich schrieb er seinen ersten Satz:

Es bekan miet ainer Schnepallschlachtt.

KAPITEL 3

Nach Eberhards Juckangriff beriefen die Coolen Kicker eine große Versammlung ein. Mit zum innersten Kern gehörten die Sendlergeschwister Luki und Karin sowie Franks Schwester Jacki. Sie alle versammelten sich im Klubhaus der Coolen Kicker, das direkt am Wald am Rand einer einsamen Wiese stand – ihrer eigenen Fußballwiese.

»Juckende Schneebälle?« Jacki kicherte. »So einen Blödsinn habe ich noch nie gehört!«

»Mach dich nur über uns lustig«, maulte Jan. »Aber ich hätte dich mal sehen wollen, nachdem dir Juckzeug den Rücken runtergelaufen ist.«

»Ich glaub, ich krieg deswegen eine Sechs im Aufsatz«, sagte Frank düster. »So, wie das die ganze Zeit gejuckt hat, war es ein Wunder, dass ich überhaupt noch meinen Namen schreiben konnte.«

»Geht mir ganz genauso«, nickte Jan. »Meine Eltern machen mich platt, wenn ich diesmal nicht wenigstens eine Vier mit nach Hause bringe. Aber wenn das mal kein Sechser wird ...«

»Regt euch nicht auf«, sagte Guido. »Das zahlen wir den Heinis schon heim.«

»Du hast gut reden«, fauchte Jan. »Du kassierst wahrscheinlich trotz der Juckerei ’ne satte Eins.«

»Glaub ich kaum«, sagte Guido ruhig. »Ich würde mich nicht wundern, wenn das eine Themaverfehlung wäre.«

»Schule, Schule, Schule!« Karin, die Älteste im Freundeskreis der Coolen Kicker, schüttelte den Kopf. »Könnt ihr vielleicht auch mal von was anderem quatschen?«

»Ja«, sagte Jan, »von Fußball. Habt ihr gehört, was der Bayern-Trainer letztes Wochenende abgelassen hat?«

»Du meinst von wegen den Spielen im Winter und so?« Frank nickte heftig. »Ich find es jedenfalls echt geil, dass wir in unserem Landkreis dieses Hallenturnier haben. Wenn wir da gut abschneiden, haben wir schon mal eine gute Ausgangsposition für den Sichtungslehrgang im nächsten Frühjahr.«

»Genau. Und vergesst nicht: Wenn wir bei dem Lehrgang Eindruck machen, verpflichten die uns vielleicht direkt bei Bayern oder einem anderen Profiverein!«

Karin schüttelte entschieden den Kopf. »Daraus wird nichts.«

»Wie?!?«, schrie Jan empört.

Frank gab sich Mühe, böse zu schauen – was ihm aber nicht so recht gelingen wollte, da er eine gewisse Schwäche für das Mädchen mit dem frechen Kurzhaarschnitt hatte.

Guido kannte dagegen keine Hemmungen. Er tippte sich an die Stirn. »Du weißt doch, wie gut wir spielen!«

»Eben deswegen. Denn das weiß Eberhard auch. Und nachdem ihr im letzten Vereinsspiel ein 1 : 0 für die Coolen Kicker rausgeholt habt, wird er sich was ganz besonders Gemeines ausdenken.«

»Das soll der Hirni mal ruhig versuchen«, drohte Jan. »Der kann uns nämlich gar nichts! Weil wir viel besser spielen als er und Thomy.«

»Mag ja sein«, lenkte Karin ein. »Aber was, wenn er vor einem Spiel eure Trikots mit Juckpulver tränkt?«

Frank wurde ganz bleich. »Du meinst, dass das heute nur so eine Art Testlauf von ihm war?«

»Könnte doch sein, oder?«

»Wenn der uns unsere Chance vermasselt, einen Profiverein oder die Auswahlmannschaft zu erreichen ...« Jan richtete sich auf seinem Holzstuhl auf und tat, als ob er Luki packen und erwürgen wollte.

»He, spinnst du?«, schrie der mit Abstand Jüngste von ihnen. Er tauchte unter Jans zupackenden Händen weg und suchte hinter seiner großen Schwester Schutz.

»Ich bin doch nicht Eberhard«, protestierte er.

»Dein Glück«, sagte Jan in düsterem Tonfall. »Denn sonst könntest du ...«

»Lass doch den Quatsch«, sagte Guido. »Wir sollten lieber überlegen, wie wir dem Großmaul Eberhard einen Strich durch die Rechnung machen können!«

Das mit dem Überlegen erwies sich als nicht ganz so einfach. Zwar steigerte sich vor allem Jan in besonders gemeine Rachefantasien hinein. Aber etwas wirklich Brauchbares war leider nicht dabei.

»He, Guido, altes Haus, was ist eigentlich mit dir?«, fragte Frank schließlich. »Du bist doch sonst immer der erste, der eine Idee nach der anderen hervorsprudelt.«

»Ich brüte ja schon«, grinste Guido. »Und es könnte sein, dass dabei statt eines Kükens eine Überraschung herauskommt.«

»Was denn für eine?«, bohrte die schwarzhaarige Jacki nach.

Sie lächelte Guido so zuckersüß an, dass dem Coolen Kicker plötzlich ganz heiß wurde. Denn so wie sich Frank zu Karin hingezogen fühlte, erging es ihm mit Jacki.

»Eh.« Er riss den Kragen seines Sweatshirts nach unten, als würde er schwitzen. Das war erstaunlich, denn das Thermometer zeigte in der ungeheizten Hütte mickrige sechs Grad.

»Macht ihr erst mal.« Er wedelte auffordernd mit der rechten Hand. Das bekam dem vor ihm stehenden Limoglas schlecht, denn er erwischte es und fegte es kraftvoll vom Tisch.

Die Limo ergoss sich über Jackis Winterjacke, das Glas fiel ihr in den Schoß.

»Hopsala!«, machte Karin. »An dir ist ein Handballer verloren gegangen.«

Jacki starrte schweigend auf das Glas, nahm es dann und stellte es auf den Tisch. »Vielleicht hättest du mal ein Tuch!«, sagte sie eisig.

Guido bekam einen knallroten Kopf. »Natürlich«, krächzte er, während er in der Tasche seiner dicken Winterhose herumsuchte. »Hier!«

Jacki starrte mit schräg gelegtem Kopf auf das Papiertaschentuch in seiner Hand.

»Du willst mir doch wohl nicht im Ernst ein dreckiges Taschentuch anbieten, oder?«

»Das ist nicht ... dreckig«, stotterte Guido. »Nur ein bisschen ... verknickt.«

»Na gut.« Jacki riss ihm das Taschentuch förmlich aus der Hand und begann damit an ihrer Jacke und Hose herumzurubbeln. »Aber eins sag ich dir«, fauchte sie dabei, »klecker demnächst lieber Eberhard voll anstatt mich!«

KAPITEL 4

Frank kniff die Augen zusammen, als sie die Hütte verließen und auf ihre von dichten Baumreihen eingerahmte Fußballwiese hinaustraten.

Es war ein heller, sonniger Nachmittag und im Vergleich zum klirrend kalten Morgen fast frühlingshaft warm. Das kurz geschnittene Gras war von einer dünnen Schneeschicht bedeckt, die das helle Licht der bereits tief stehenden Sonne fast schmerzhaft spiegelte.

»Schade, dass wir nur auf dem halben Platz spielen können«, bedauerte Frank.

Jan grinste anzüglich. »Jetzt, wo Schnee drauf liegt, sieht man gar nicht, dass ein Teil des Spielfelds kahl ist wie die Glatze meines Onkels Theo.«

»Dein Onkel benutzt aber wohl kaum einen Trecker mit angehängtem Pflug zur Haarpflege, oder?«

Jan lachte. »Nein. Und er sucht auch nicht mitten in der Nacht alte Revolver in seinen Haaren.«

»So wie Wenzel es gemacht hat«, kicherte Jacki.

»Der hat doch nicht in Onkel Theos spärlichem Resthaarwuchs gesucht«, platzte Jan heraus, »sondern auf unserem Platz!«

Selbst Guido konnte jetzt nicht mehr anders, als in das Gelächter mit einzufallen.

Jacki hielt sich regelrecht den Bauch vor Lachen. »Irgendwie wahr ... Wenzel hätte seinen Trecker auch kaum auf Onkel Theos Glatze draufgebracht.«

»Nur schade«, ergänzte Karin, »dass er sich dafür ausgerechnet euren Fußballplatz ausgesucht und ihn dabei halb umgepflügt hat.«

»Womit wir zu meiner Überraschung kämen«, feixte Guido. »Haltet euch bloß fest – denn es hat genau mit Wenzels Treckerfahrt auf Onkel Theos Glatze, eh, ich meine, auf unserem Platz zu tun.«

»Wie denn jetzt das?«, fragte Jan.

Guido nahm die Pose eines großen Regisseurs ein, der ein ganzes Filmteam herumkommandiert. »Also erst einmal«, sagte er, »müssen die Tore da weg.«

Er deutete auf die zwei alten Holztore, die sie im Abstand von neunzig Metern auf der Wiese aufgebaut hatten. Dabei wedelte er so ungestüm mit den Händen in ihre Richtung, als könnte er sie dadurch umwerfen.

»Klasse Überraschung«, spottete Jacki. »Und ich nehme an, als Nächstes willst du dann auch noch unser Klubhaus abreißen.«

»Quatsch doch nicht dämlich.« Guido schüttelte entschieden den Kopf. »Wir drehen die Tore einfach um.«

Jacki und Karin lachten laut auf, während die Jungen etwas verdattert guckten.

»Willst du etwa gegen die Torrückseiten spielen?«, kicherte Karin.

»Sehr spaßig«, antwortete Guido würdevoll. »Ich meine

natürlich ganz was anderes. Wir setzen die Tore einfach im rechten Winkel um: anstatt längs spielen wir dann quer auf der Wiese. Breit genug ist sie ja.«

»Vielleicht können wir ja die Wiese drehen«, prustete Jan los, »statt mühsam die Tore umzusetzen.«

Guido blickte ihn etwas enttäuscht an. »Du nimmst mich nicht ernst«, stellte er fest.

»Stimmt«, lachte Jan. »Einen größeren Blödsinn hab ich ja wohl noch nie gehört! Die Tore umsetzen! Weißt du eigentlich, wie viel Arbeit das ist?«

»Natürlich weiß ich das. Das ist ja gerade meine Überraschung.«

»Du hast heute eine Menge Überraschungen auf Lager«, meinte Jacki trocken. »Erst schüttest du mir Limo über die Jacke. Und dann willst du tatsächlich, dass wir die schweren Holztore wieder abbauen, nur weil du quer über die Wiese spielen willst.«

»So blöd ist das gar nicht«, überlegte Frank. »Dann müssen wir jedenfalls nicht auf Onkel Theos Glatzenstelle spielen!«

»Onkel Theos Glatzenstelle!« Jan bekam einen regelrechten Lachkrampf. »Das ... ist gut. Das muss ich unbedingt ... meinem Onkel erzählen.«

Nach dem ersten Heiterkeitsausbruch begriffen die Coolen Kicker, dass es Guido durchaus ernst war mit seinem Vorschlag. Es kam sogar noch ärger.

»Ich war heute nach der Schule beim alten Wenzel«, sagte er. »Der will uns helfen, die Tore abzubauen.«

»Das kann ich mir vorstellen«, neckte ihn Jacki. »Nachdem er euren Platz mit dem Pflug verwüstet und sich auch mal nachts mit der Säge an einem Torpfosten zu schaffen gemacht hat, will er jetzt sein Zerstörungswerk vollenden ...«

Guido winkte ab. »Das war doch damals eine ganz andere Geschichte. Es tut ihm mittlerweile auch alles ganz schrecklich Leid und blablabla ...«

»Ja, blablabla«, nickte Jan. »Das ist genau das, was du jetzt die ganze Zeit von dir gibst. Der Wenzel hat doch einen gehörigen Dachschaden. Außerdem hatte er uns versprochen, als Entschädigung ein rauschendes Fest auszurichten. Und was ist damit? Das war doch auch nur blablabla.«

»Das holt er nach«, versicherte Guido. »Sobald er zusammen mit uns die Tore umgedreht hat.«

»Fängst du schon wieder damit an«, stöhnte Jan. »Langsam find ich das gar nicht mehr lustig.«

»Ich aber schon«, kicherte Jacki. »Wenn ihr so weiter macht mit dem Umbauen, werdet ihr später bestimmt tolle Bauarbeiter. Nur aus dem Fußballspielen wird wohl nichts werden.«

»Ich helfe aber mit«, versicherte Luki. »Dann sind wir ganz schnell fertig.«

»Na klar, du Knirps ... eh, ich meine, danke für das Angebot.« Jan kratzte sich verlegen am Kopf, wobei er bemüht war, Karins Blick auszuweichen. Er wusste, dass sie es ganz und gar nicht leiden konnte, wenn jemand auf ihren kleinen Bruder einhackte.

»Ich bin dir wohl nicht gut genug zum Helfen, was?«, plusterte sich Luki auf.

Der jüngste Spross der Familie Sendler war eigentlich ganz in Ordnung. Er konnte ja nichts dafür, dass sein Vater die Coolen Kicker dazu »überredet« hatte, ihn mittrainieren zu lassen – als Gegenleistung für die kostenlose Nutzung der Wiese.

Trotzdem machte Jan keinen Hehl daraus, dass er den Achtjährigen manchmal nicht richtig ernst nahm.

»Wenn wir hier noch länger rumstehen, frieren wir fest«, sagte Frank. »Was haltet ihr von einer kleinen Runde Fußball?«

Das ließen sich seine Freunde nicht zweimal sagen. Angesichts der frischen und noch immer etwas juckenden Erinnerung an die Niederlage, die sie am frühen Morgen hatten einstecken müssen, drehten sie beim Spielen so richtig auf.

Auch Luki legte sich mächtig ins Zeug. Kaum hatte das Spiel begonnen, jagte er wieselflink an Frank vorbei und nahm Guido mit erstaunlichem Geschick den Ball ab.

»Sieh dir mal diese Milchtüte an«, sagte Jan voll widerwilliger Anerkennung. »Der hat echt was gelernt bei seinem Wichteltraining.«

»Das ist ja auch kein Wunder, wenn er öfters mit uns rumbolzen darf, oder?«, lachte Frank. »Aber, hoppla ...«

Das runde Leder donnerte jetzt in seine Richtung. Frank fuhr unter den Ball und jagte ihn an Jan vorbei zu Guido, der ihn sofort an Jacki weitergab. Franks Schwester kickte wie die

Jungs beim 1. FC Wilnshagen, aber sie war nicht so fußballvernarrt wie sie.

So war es auch kein Wunder, dass sie nach zehn Minuten abwinkte. »Lasst mal gut sein für heute«, schnaufte sie. »Es ist mittlerweile auch schon fast dunkel.«

»Okay«, nickte Guido. »Aber ich will noch eine Kleinigkeit mit euch besprechen. Von wegen des Fests und so.«

Frank kniff die Augen zusammen. »Muss das wirklich heute sein?«

»Warum nicht heute?«

»Ich weiß nicht ...« Frank biss sich auf die Unterlippe. Er hatte irgendwie ein ganz blödes Gefühl. So, als würde heute noch etwas Schreckliches passieren ...

KAPITEL 5

Guido sprühte mal wieder geradezu vor Begeisterung. Wie ein Feuerwerk schoss er seine Ideen ab, ließ einen Einfall dem anderen folgen. Er wollte nicht nur den Fußballplatz in kürzester Zeit wieder in Form bringen, sondern hatte auch vor, ganz nebenbei ihr Klubhaus zu verschönern.

»Es wäre doch gelacht, wenn wir ›Oma ihr altes Häuschen‹ nicht wieder in Form bringen könnten«, grinste er.

Jan warf ihm einen giftigen Blick zu. »Fang nicht schon wieder an, auf meinem angeblich schlechten Deutsch herumzureiten.«

»Tu ich doch gar nicht«, sagte Guido unschuldig. »Nach diesem Juckangriff heute Morgen bin ich nur etwas großzügiger geworden. Ob ›Omas Häuschen‹ oder ›Oma ihr altes Häuschen‹ – das ist doch ganz egal. Hauptsache es sieht schön aus.«

»Aber ich hab echt keinen Bock drauf, mich auch noch als Maler zu betätigen.«

So ging es eine ganze Weile hin und her. Die 12-Volt-Deckenlampe, die von einer alten Autobatterie gespeist wurde, verbreitete ein schummriges Licht. Und trotz der Kälte war es eigentlich irre gemütlich, hier herumzuhocken, Kekse zu knabbern und sie mit Limo herunterzuspülen.

»O Mann, verdammt!«, rief Jacki plötzlich.

»Was ist denn?«, fragte Frank alarmiert.

»Schau mal auf die Uhr«, stieß Jacki aufgeregt hervor. »Wir sollten schon seit einer Stunde zu Hause sein.«

Die anderen starrten erschrocken durch das kleine Fenster nach draußen. Es war bereits stockfinster.

»Verschärft«, meinte Frank. »Da haben wir uns echt verquasselt.«

»Also nichts wie los.« Jan sprang auf. »Meine Alten machen mich rund.«

»Aber wieso haben sie denn nicht angerufen?«, fragte Jacki, während sie Jans Beispiel folgte.

»Hat denn einer von euch ein Handy dabei?«, fragte Guido. »Ich nämlich nicht.«

Die anderen schüttelten ihre Köpfe. Dabei hatten sie ihren Eltern fest versprochen, immer per Handy erreichbar zu sein, wenn sie auf ihrem eigenen Fußballplatz herumtobten. Dementsprechend groß würde das Donnerwetter ausfallen, wenn sie nach Hause kamen.

Sie ließen alles stehen und liegen und stürzten aus der Hütte. Guido fischte den Schlüssel aus der Jackentasche und schloss zweimal ab.

»Stockfinstere Nacht«, schimpfte Jacki. »Das hätte uns wirklich nicht passieren dürfen. Mensch, Guido, warum musst du einen auch immer so zulabern.«

»Aber ich ...«

Ein dumpfer Knall zerriss die abendliche Stille. Die Coolen Kicker zuckten erschrocken zusammen.

»Wenn das jetzt wieder Eberhard ist, der hier mit

Feuerwerkskörpern um sich schmeißt ...« Guido ließ den Rest des Satzes unbeendet. Aber die anderen wussten auch so, was er meinte.

Es war noch gar nicht lange her, dass Eberhard und Thomy ihr Einweihungsfest mit Chinakrachern auseinander gesprengt hatten – und nach seinem Schneeballangriff heute Morgen konnte es durchaus sein, dass die beiden einen neuen Großangriff wagten.

Es donnerte ein zweites Mal, diesmal näher und lauter und so ganz anders, als man es von Feuerwerkskörpern erwarten durfte.

»Das sind Schüsse«, flüsterte Karin entsetzt. »Irgendjemand ballert hier wild in der Gegend rum.«

Die anderen starrten sie fassungslos an, als würden sie gar nicht begreifen, was sie damit sagen wollte.

»Hat wirklich niemand von euch ein Handy dabei?«, fragte Guido schließlich leise.

Seine Freunde schüttelten beklommen die Köpfe. Das, was Karin für Schüsse hielt, war aus dem Wald hinter dem Klubhaus gekommen.

»Wir sollten ganz schnell auf unsere Räder steigen und verschwinden«, flüsterte Karin. »Ich möchte nicht über jemanden stolpern, der hier Schießübungen veranstaltet.«

»Quatsch doch nicht dämlich«, widersprach Jan. »Das sind keine Schüsse. Das sind nur wieder Eberhard und Thomy, die uns erschrecken wollen. Aber wartet hier, ich schnappe mir die beiden.«

Bevor ihn die anderen zurückhalten konnten, jagte er los.

»Der ist doch durchgeknallt«, sagte Karin entsetzt. »Ihr Städter habt vielleicht kein Ohr dafür, aber ich bin ganz sicher, dass das Schüsse waren!«

Wie zur Bestätigung ihrer Worte knallte es erneut. »Mensch, da ballert tatsächlich jemand rum!«, rief Guido erschrocken. »Also komm, Frank, sehen wir zu, dass wir Jan zurückholen.«

»Ich komme mit«, stieß Karin hastig hervor. »Ich kenn doch den Wald hier besser als jeder von euch.«

»Und wer bleibt bei Jacki?«, gab Guido zurück.

Die Frage erübrigte sich, denn das schwarzhaarige Mädchen wirbelte auf dem Absatz herum und stürmte Jan hinterher.

»Auch das noch«, stöhnte Guido. »Zwei Idioten.«

Frank und Karin liefen Jacki sofort nach, sodass Guido nichts anderes übrig blieb, als ihnen auch schnellstmöglich zu folgen.

Fast gleichzeitig erreichten die vier den Waldrand.

»Jan ist bestimmt den Pfad hier runter«, sagte Karin und deutete nach rechts.

Es blieb ihnen keine Zeit für Diskussionen. Obwohl die Dunkelheit im Wald wie ein undurchsichtiges Tuch über sie fiel, rannte Karin mit erstaunlicher Geschwindigkeit weiter. Zweige und Laub knackten und raschelten unter ihren Füßen und doch war sie viel leiser als ihre Freunde, die wie eine durchgegangene Büffelherde den Waldweg entlangtrampelten.

Frank konnte sich nicht daran erinnern, schon jemals vor-

her so aufgeregt gewesen zu sein. Jan hatte mit seinem Alleingang nicht nur sich selbst in Gefahr gebracht, sondern auch Jacki und alle übrigen. Wenn deswegen seiner Schwester oder Karin auch nur das Geringste zustieß, konnte Jan sich auf etwas gefasst machen ...

Mitten in seine aufgewühlten Gedanken krachte erneut ein Schuss. Karin blieb so abrupt stehen, dass er fast in sie hineingestolpert wäre.

»Der Schuss kam von links«, keuchte Karin. »Es könnte sein, dass wir in die falsche Richtung gelaufen sind.«

»Und trotzdem könnte Jan hier lang sein«, stieß Frank hervor.

Er stand jetzt direkt neben seiner Schwester und es wäre ihm ein Leichtes gewesen, sie am Handgelenk zu packen und festzuhalten. Aber er ahnte, dass sie sich das kaum gefallen lassen würde. Er konnte sie schließlich nicht mit Gewalt bis zum Klubhaus zurückschleifen ...

»Was machen wir jetzt?«, fragte Jacki ängstlich.

»Ein paar Meter weiter gabelt sich der Weg«, sagte Karin leise. »Wir müssten uns teilen, um in beiden Richtungen nach Jan zu suchen – aber das ist viel zu gefährlich ...«

»Wenn das nur nicht Wenzel ist«, unterbrach sie Frank. »Der ist doch nicht ganz dicht im Kopf. Und außerdem hat er uns schon mal mit seiner Schrotflinte bedroht!«

»Das ist er nicht«, empörte sich Guido. »Heute Mittag wirkte er ganz normal – obwohl, ein bisschen schräg ist der Typ schon drauf.«

»Vielleicht sollten wir nach Jan rufen?«, überlegte Jacki.

»Und damit den schießwütigen Idioten auf uns aufmerksam machen?«, widersprach Karin. »Keine gute Idee.«

»Es könnte auch ein Wilderer sein«, meinte Guido.

»Blödsinn«, beschied ihm Karin. »Bei uns wird schon seit Jahrzehnten nicht mehr gewildert. Ach man, verdammt! Wir können doch nicht ohne Jan umkehren.«

Einen Herzschlag lang herrschte eine fast gespenstige Stille. Franks Magen verkrampfte sich und in seinem Kopf war ein einziges Wirrwarr. Jan, dieser Blödmann! Was hatte er sich dabei gedacht?

»Also?«, fragte Guido leise. »Was schlägst du vor?«

»Ich fürchte«, sagte Karin bedrückt, »dass wir keine andere Wahl haben, als wieder zum Klubhaus zurückzulaufen. Einer muss dann schnellstmöglich Hilfe holen und die anderen warten dort – falls Jan auftaucht und Unterstützung braucht.«

KAPITEL 6

Zweige peitschten in Franks Gesicht, als sie den dunklen Pfad zurückeilten. Er fühlte sich ganz mies dabei, ohne seinen Freund zum Klubhaus zurückzukehren, und am liebsten wäre er sofort wieder umgekehrt, um ihn zu suchen. Aber leider hatte er nicht die geringste Ahnung, wo er stecken könnte.

Als sie endlich aus dem dunklen Wald auf ihre Wiese hinausstolperten, blieben sie erst einmal erschöpft stehen.

»Und jetzt?«, flüsterte Jacki leise.

Frank lauschte angestrengt, ob irgendetwas aus Richtung Wald von Jan zu hören wäre. Aber bis auf das leise Raunen des Windes in den Zweigen und das gelegentliche Zwitschern eines Vogels, der noch nicht zur Nachtruhe gefunden hatte, war es gespenstisch still.

»So ein verdammter Mist«, fluchte Guido. »Warum ist der Idiot bloß abgehauen!«

»Weil er geglaubt hat, dass Eberhard hinter der Knallerei steckt«, sagte Karin heiser. Sie schüttelte den Kopf. »Aber es hilft alles nichts. Ich werde abdüsen und Hilfe holen.«

Ohne ein weiteres Wort sprintete sie los. Ihr altes, verbeultes Fahrrad stand neben den anderen Rädern an der Hüttenwand. Mit wenigen Schritten hatte sie es erreicht, war in den Sattel gesprungen und sauste wie der Wirbelwind in Richtung Feldweg davon.

»Kommt.« Jacki strich sich eine schwarze Haarsträhne aus ihrem verschwitzten Gesicht. »Wir können doch hier nicht einfach nur rumstehen und warten. Wir suchen noch mal den Waldrand ab, ob wir eine Spur von Jan finden.«

»Aber nicht, dass du plötzlich wieder abhaust«, warnte sie Frank. »Mir reicht es schon, wenn einer von uns fehlt.«

»Keine Sorge«, sagte Jacki leise. »In diesen stockfinsteren Wald kriegen mich keine zehn Pferde mehr ...«

Bevor die anderen darauf antworten konnten, knackte es plötzlich hinter ihnen. Es war ein merkwürdiges Geräusch, das bedrohlich und irgendwie falsch klang. Als es sich wiederholte und stampfende, schwere Schritte zu hören waren, wichen die Coolen Kicker ein Stück zurück.

»Ein Bär?«, stammelte Luki ängstlich.

Frank schüttelte den Kopf. Aber andererseits – hatte die Radke nicht erzählt, dass vor Jahren ein Bär in dieser Gegend sein Unwesen getrieben hatte? Den Geräuschen nach zu urteilen konnte es jedenfalls sein, dass solch ein zotteliges Ungetüm durch den Wald auf sie zustampfte.

»Wir sollten uns besser in der Hütte einschließen«, sagte er. Er spürte, wie sich seine Nackenhaare sträubten, und eine hartnäckige Stimme in seinem Innern flüsterte ihm zu, dass er sofort abhauen sollte.

Aber dazu war es zu spät! Denn was auch immer durch den Wald gebrochen war: Es hatte jetzt den Waldrand erreicht und stand nach zwei weiteren Schritten schwankend auf der Wiese.

Frank war vor Angst wie gelähmt. Er sah nicht mehr als

einen schwarzen Schemen, der mindestens sechs Hände zu haben schien. Die monströse Gestalt war nicht groß, aber als sie auf ihn zuwankte, stolperte Frank erschrocken ein paar Schritte zurück. Wenn er doch wenigstens eine Taschenlampe gehabt hätte ...

Jacki stieß einen spitzen Schrei aus. Frank hätte ihr nicht verübelt, wenn sie herumgewirbelt wäre, um in blinder Furcht über den Fußballplatz hinwegzujagen.

Aber seine Schwester dachte gar nicht daran. Wie eine Verrückte lief sie auf das Monstrum zu!

Frank stockte der Atem. Die Panik musste Jacki vollkommen verwirrt haben, denn sonst hätte sie wohl kaum die Richtung verwechselt. Vor Angst erstarrt beobachtete er, wie die dunkle Gestalt seiner Schwester mit dem Schatten des Monstrums verschmolz.

»Helft mir«, stöhnte das Monster.

Luki klammerte sich hilfesuchend an Frank. Da war er aber irgendwie an den Falschen geraten. Denn was hätte Frank schon tun können, um ihn – oder seine eigene durchgeknallte Schwester – zu beschützen!

Zu allem Übel drehte jetzt auch noch Guido durch. Langsam schritt er auf Jacki und das Monstrum zu. Vielleicht wollte er in einem Anfall von Heldenmut dem schwarzhaarigen Mädchen beistehen, in das er verschossen war. Aber warum hatte er dann nicht wenigstens nach einem der Holzscheite gegriffen, die sauber aufgestapelt nur zwei Schritte neben ihnen lagen?

Bevor sich Frank aus seiner Erstarrung lösen konnte,

drehte sich Guido ärgerlich zu ihm um. »Steh doch nicht wie ein Ölgötze rum«, fauchte er ungeduldig. »Komm endlich, verdammt noch mal!«

»Aber ... aber ...« Frank verstand überhaupt nichts mehr.

»Jan braucht Hilfe, du Idiot!«

Natürlich brauchte Jan Hilfe – aber was hatte das mit dem Monstrum zu tun?

Erst als Luki seinen Griff löste und zu den anderen hinübereilte, begann Frank zu begreifen. Das, was da aus dem Wald auf sie zugetorkelt war, war gar kein Monstrum. Es war Jan! Aber irgendetwas Schreckliches war mit ihm passiert, etwas, das seinen ganzen Oberkörper verformt hatte.

Es dauerte ein paar Sekunden, bis Frank erkannte, dass mit Jan so weit alles in Ordnung war – abgesehen davon, dass seine Jacke zerrissen war, ihm der Schweiß über die Stirn lief und seine Hände wie verrückt zitterten.

»Du armes kleines Ding«, sagte Jacki mit Tränen in den Augen. Sie hatte sich neben das gehockt, was Jan den Waldweg nach oben geschleppt hatte.

Es war ein Reh.

Sein Hinterlauf war blutverschmiert. Ganz offensichtlich hatte eine Kugel es dort getroffen. Das Tier zitterte und bebte, doch als Jacki beruhigend ihre Hand auf seinen Hals legte, schien es sich etwas zu entspannen.

Frank war geschockt durch diesen Anblick. Aber auf der anderen Seite sah er ein, dass er hier nicht einfach untätig herumstehen konnte. Karin wollte ihren Vater zu Hilfe holen. Das musste er verhindern! Denn wenn die

Erwachsenen erst einmal erfuhren, dass neben dem Fußballplatz der Coolen Kicker ein Wilderer mit einem Gewehr herumballerte, würden sie ihnen das Fußballspielen hier bestimmt verbieten.

»Ich fahr Karin hinterher«, stieß er hervor. »Aber passt auf, dass euch der Wilderer nicht das Reh mit Gewalt abnehmen will, nachdem er es schon angeschossen hat!«

Die anderen beachteten ihn gar nicht. Aber darauf konnte Frank jetzt keine Rücksicht nehmen. Er stürzte zu seinem Fahrrad und trat mit aller Kraft in die Pedale. Als würde er einen neuen Geschwindigkeitsrekord brechen wollen, donnerte er über die dunkle, schneebedeckte Fußballwiese davon.

Kurz darauf hatte er den Feldweg erreicht und bog in Richtung Sendlerhof ein. Er fuhr so schnell wie nie zuvor in seinem Leben, denn er wusste, dass es auf jede Sekunde ankam, wenn er Karin noch rechtzeitig aufhalten wollte.

KAPITEL 7

Als er den Hof endlich erreichte, fiel ihm auf, dass etwas nicht stimmte. In dem Bauernhaus brannte kein Licht. Nur in der alten Scheune, in der der Bauer sein ältestes Gerät aufbewahrte, machte sich offensichtlich jemand zu schaffen.

Karin!

Frank stieg nicht vom Fahrrad, er ließ es einfach fallen. Mit wenigen Riesensätzen hatte er das Scheunentor erreicht und schlüpfte hindurch.

Das hübsche Mädchen mit den dunkelbraunen Haaren wollte gerade auf den mindestens dreißig Jahre alten Trecker steigen. Es zuckte erschrocken zusammen, als Frank in die Scheune hineinstürzte.

»Ich bin's nur«, rief er atemlos.

Karin fuhr zu Frank herum. »Was ist mit Jan?«

»Der ist in Ordnung«, winkte Frank ab. »Ich hab bloß Sorge, dass uns der Wilderer noch Scherereien machen wird, den unser Hitzkopf aufgescheucht hat ... Hast du übrigens in der Zwischenzeit jemanden angerufen?«

Karin schüttelte verwirrt den Kopf. »Ausgerechnet heute habe ich vergessen, den Hausschlüssel mitzunehmen – und meine Eltern sind nicht da! Blöder konnte es gar nicht kommen. Ich wollte gerade den alten Trecker startklar machen, um euch abzuholen.«

»Na Gott sei Dank«, seufzte Frank erleichtert.

In wenigen Worten erzählte er Karin, mit welcher Last Jan aus dem Wald zurückgekehrt war – und warum er es für besser hielt, im Augenblick ihre Eltern nicht zu beunruhigen.

Karin nickte. »Dann fahren wir jetzt sofort mit meinem alten Ratterteil nach oben, laden das Reh auf den Anhänger und bringen es zum Tierarzt. Mehr könnten die Erwachsenen für das arme Ding auch nicht tun.«

Zehn Minuten später hatten sie das Klubhaus mit dem ratternden, übel qualmenden Trecker erreicht, den Karin mit einer Sondergenehmigung fahren durfte. Zu Franks Erleichterung fanden sie das Reh lebend vor. Es schien sich durch Jackis und Guidos Fürsorge sogar etwas erholt zu haben.

Seine Freunde waren wirklich spitze. Sie hatten den Hinterlauf des Rehs notdürftig mit den Mullbinden aus dem alten Autoverbandskasten verbunden, den Franks Vater ihnen zur Sicherheit hier gelassen hatte.

»Beeilt euch«, sagte Karin mit einem nervösen Blick zum Wald. »Ich hab keine Lust, heute noch mit einem schießwütigen Wilderer Bekanntschaft zu machen!«

»Aber wie kriegen wir das Reh auf den Anhänger?«, fragte Luki besorgt.

»Vier Mann, vier Ecken. Wir packen es einfach vorsichtig und legen es auf den Anhänger.«

Als das Reh merkte, dass es hochgehoben werden sollte, begann es wie wild mit den Vorderhufen auszukeilen. Jan und Frank griffen beherzt an den Vorderläufen zu, während die

beiden Mädchen das Hinterteil hochhievten. Es dauerte nur wenige Sekunden, bis sie das widerstrebende Tier auf dem alten Anhänger abgelegt hatten – aber diese kurze Zeitspanne kam Frank wie eine Ewigkeit vor.

Er hatte nicht geglaubt, das er jemals mit einem Reh so viel Mitleid haben könnte. Normalerweise war das doch eher eine Sache für Mädchen!

Der Tierarzt staunte nicht schlecht, als ihn Karin vom Abendbrot wegholte und zum Anhänger des alten Treckers führte. Er beugte sich über das Tier und schüttelte dann den Kopf.

Frank lief es eiskalt den Rücken runter. Sollte das Kopfschütteln etwa bedeuten, dass das Reh kein Chance mehr hatte?

Aber der Tierarzt wollte damit etwas ganz anderes ausdrücken. »So eine Sauerei«, schimpfte er. »Einfach mit Schrot auf so ein armes Vieh draufzuhalten und es dann auch noch blutend liegen zu lassen – das kann nur ein Wilderer gewesen sein! Wenn ich den Kerl in die Finger kriege, kann er was erleben.«

»Kommt es denn durch?«, fragte Jacki mit leiser Stimme.

»Wenn es nicht zuviel Blut verloren hat ...« Der Tierarzt drehte sich zu ihnen um und lächelte leicht. »Ihr habt gute Arbeit geleistet. Aber jetzt wäre es vielleicht besser, ihr würdet nach Hause gehen. Ich werde das Reh zusammen mit meinem Sohn in die Praxis tragen und erst einmal gründlich untersuchen.«

»Ist gut«, stammelte Jacki leise.

»Habt ihr eigentlich die Polizei verständigt?«, fragte der Tierarzt beiläufig, während er sich wieder über das Reh beugte.

Frank überlief ein siedend heißer Schreck. Die Polizei einzuschalten würde auch bedeuteten, dass ihre Eltern Wind von der Sache bekämen – und dann ade Fußballplatz!

Die Idee, die Sache mit dem Reh geheim zu halten, erwies sich als vollkommen undurchführbar. Sie hätten zwar allesamt mit Karins altem Traktor zum Sendlerhof zurücktuckern können, aber das hätte die Sache noch schlimmer gemacht. Also nahmen sie das Angebot der Tierarztfrau an, die sie ins Haus bat und sich berichten ließ, wie sie das Reh gefunden hatten.

»Ich erzähl die Geschichte«, sagte Frank und sah seine Freunde so drohend an, dass sie nur hastig nickten. Er hatte nicht vor, direkt zu lügen, aber es erschien ihm nicht ratsam zu erwähnen, wie nah der Wilderer an die Fußballwiese herangekommen war.

Jan hatte das Reh ein ganzes Stück weiter unten im Wald gefunden und genau das erzählte Frank auch.

Die Tierarztfrau hörte mit ernstem Gesicht zu. »So, jetzt ruft ihr am besten eure Eltern an. Ich sehe inzwischen nach, wie es unserem Patienten geht.«

Kaum hatte sie das Zimmer verlassen, räusperte sich Guido unbehaglich. »Also dann«, sagte er heiser. »Wer will zuerst?«

»Immer der, der blöd fragt«, antwortete Frank bedrückt.

»Vielleicht kannst du ja dann deine Mutter bitten, meine Eltern anzurufen.«

»Ha! Das könnte dir so passen. Es ruft schon jeder selber an.«

Mutig griff er nach dem Telefon, das die Tierarztfrau vor ihnen auf dem Esszimmertisch aufgebaut hatte. »Dann wollen wir mal«, sagte er tonlos.

Nach fünf Minuten waren sie mit den Telefonaten durch. Sie waren nicht gerade erfreulich verlaufen. Franks Ohren klingelten noch von dem Gebrüll seines Vaters, mit dem er auf den späten Anruf seines Sohnes reagiert hatte.

»Ihr seid zwei Stunden überfällig«, hatte er getobt. »Wir kommen gerade vom Fußballplatz zurück! Was meinst du, wie deiner Mutter und mir zumute war, als wir dort Blutspuren neben dem Klubhaus entdeckt haben? Wir haben sofort die Polizei alarmiert.«

Während sein Vater brüllte, hatte Frank den Hörer so weit wie möglich von seinem Ohr weggehalten. Aber das Schlimme daran war, dass er die Aufregung seiner Eltern vollkommen verstehen konnte. Es war eben alles total dumm gelaufen!

Fünf Minuten später traf die Polizei in der Tierarztpraxis ein. Der Beamte, der sich zu ihnen ins Esszimmer setzte, schüttelte besorgt den Kopf, nachdem er sich die Wilderergeschichte von den Coolen Kickern noch einmal hatte erzählen lassen.

»Das klingt gar nicht gut«, sagte er schließlich ernst. »Ihr solltet euch auf alle Fälle in nächster Zeit vom Wald fernhal-

ten. Bei Wilderern kann leicht mal ein Schuss danebengehen!«

»Klar«, nickte Frank erschrocken. »Wir fahren immer auf dem kürzesten Weg zum Fußballplatz und bleiben dann einfach dort.«

»Ich hoffe, dass reicht.« Der Streifenpolizist kratzte sich am Kopf. »Es war ganz schön tapfer von dir, mein Junge«, sagte er zu Jan, »das angeschossene Reh durch den Wald zu schleppen. Aber so etwas solltest du besser nie wieder tun. Es lohnt sich nicht, sein Leben für ein Tier zu riskieren.«

»Aber das arme Ding!«, protestierte Jacki. Sie stieß einen tiefen Seufzer aus. »Wie geht's ihm eigentlich?«

Die Tierarztfrau, die mittlerweile wieder aus der Praxis ihres Mannes zurückgekehrt war, nickte beruhigend. »Es sieht ganz gut aus. Wenn es diese Nacht übersteht, haben wir's überm Berg.«

Sie legte ein paar kleine Kügelchen vor sich auf den Tisch. »Die hat mein Mann aus dem Reh herausgeholt«, sagte sie leise. »Es ist schon unglaublich, was manche Menschen Tieren antun!«

In diesem Moment klingelte es draußen Sturm. Die Tierarztfrau erhob sich, um die Tür zu öffnen – und Frank beobachte verwirrt, wie Guido nach den Schrotkugeln griff und sie sich ganz genau ansah.

»Was ist damit?«, fragte er leise.

»Ich guck bloß, ob sie zu der Patrone passen können, die Jan gefunden hat«, antwortete Guido geheimnisvoll.

»Welche Patrone?«

Guido blinzelte verschwörerisch. »Als du unterwegs warst, um Hilfe zu holen, hat mir Jan etwas gegeben, was der Wilderer zurückgelassen hat ...« Er zog eine Patrone aus seiner Hosentasche hervor. »Mit den Schrotkügelchen alleine kann man nicht das Kaliber des Gewehrs bestimmen, mit dem das Reh angeschossen wurde. Aber mit dieser noch ganz frischen Patronenhülse hier ...«

Der Rest seines Satzes ging in dem Gepolter unter, mit dem Franks Vater ins Zimmer stürmte. Guido ließ die Patrone blitzschnell in der Hosentasche verschwinden und versuchte möglichst unbeteiligt zu wirken.

Aber seine Vorsicht erwies sich als unbegründet, denn bevor Franks Vater einen seiner gefürchteten Wutanfälle bekommen konnte, trudelten schon die anderen Eltern ein.

Das war nicht unbedingt von Vorteil. Denn sie waren alle so aufgeregt und wütend, dass sie gemeinsam auf die Coolen Kicker einschimpften. Wenn es irgendwie möglich gewesen wäre, hätte sich Frank für die nächsten Minuten auf die Größe einer Ameise verkleinert, um ihrer gemeinsamen Schimpfkanonade zu entgehen.

KAPITEL 8

Es dauerte drei Tage, bis sie wieder zu ihrem Fußballplatz hoch durften. Ihre Eltern hatten sich mittlerweile so weit beruhigt, dass sie ihnen die Sache mit den vergessenen Handys einigermaßen verziehen hatten.

»Vorläufig dürft ihr aber nur hin, wenn euer Privattrainer Perschke oder ein anderer Erwachsener dabei ist«, hatte Franks Vater gesagt. »Und vergesst nie wieder, mindestens ein funktionierendes Handy dabeizuhaben!«

Da die Radke krank geworden war, hatten sie in der Zwischenzeit wenigstens den Aufsatz noch nicht zurückbekommen. Ein allzu großer Lichtblick war das allerdings nicht. Denn viel mehr als den Satz »Es bekan miet ainer Schnepallschlachtt« hatte Frank wegen der ekelerregenden Juckerei nicht zu Papier gebracht. Also konnte er sich auf ein entsprechendes Donnerwetter gefasst machen!

Inzwischen hatte Guido wieder eine seiner berühmt-berüchtigten Ideen. »Solange der Wilderer nicht geschnappt ist, haben wir auf unserem Fußballplatz keine Ruhe«, sagte er auf dem Nachhauseweg von der Schule. »Also müssen wir ihn den Bullen auf dem Präsentierteller servieren.«

»Aber die haben doch gesagt, dass sich der Typ wahrscheinlich längst wieder verdrückt hat«, widersprach Frank.

Er trampelte mit dem rechten Fuß in einen festgefrorenen

Schneehügel, um ein Stück abzuhauen, das als Ball taugte.

»Du glaubst also den Unsinn, den die Dorfsheriffs erzählen?«, spottete Jan. »Dass dieser Wilderer durch die Gegend zieht und nur solange am gleichen Ort rumballert, bis die Leute in der Umgebung auf ihn aufmerksam werden?«

»Diese Sache mit dem ›wandernden Wilderer‹, von dem auch die Zeitungen schreiben?«, überlegte Frank und spielte den Schneeklumpen Jan zu. »Könnte doch sein, oder?«

Da sich auf die Nebenstraßen des Vorortviertels nur selten ein Auto verirrte, entbrannte eine erbitterte Schnee-Fußball-Schlacht über die ganze Fahrbahnbreite.

»Wie könnten wir den Wilderer denn schnappen?«, keuchte Jan, während er versuchte, den Schneeklumpen mit der Fußspitze hoch zu lupfen und in Guidos Richtung weiter zu kicken.

Er erwischte den Klumpen so hart, dass er in tausend Stücke zerbrach und feine Schneepartikel davonstoben.

Guido lachte. »Da geht mal wieder das Temperament mit dir durch, was?«

Er versuchte aus dem Rinnstein einen neuen Klumpen loszutreten, aber Frank war schneller: Mit einem technisch nicht ganz einwandfreien Schuss jagte er einen beachtlichen Eisbrocken zu seinem Freund hinüber.

»He, hoppla«, stieß Guido überrascht hervor. Er versuchte den Eisklumpen zu stoppen, ohne ihn mit dem Stiefelabsatz zu zertreten.

Aber er erwischte ihn nicht richtig. Der Ballersatz trudel-

te ein paar Mal um seine eigene Achse und sauste dann über die Fahrbahndecke weiter in Jans Richtung.

»Jetzt kommen endlich die richtigen Kaliber«, lachte Jan und spielte den Klumpen kraftvoll zurück.

»Wir nehmen wenigstens nicht das Kaliber des Wilderers«, rief Frank aufgeregt. »Das war nämlich 'ne richtig fiese Schrotladung, die er dem Reh aufgebrannt hat.«

»Genau darum geht es bei meiner Idee«, sagte Guido. »Es war ja Glück im Unglück, dass Jan genau an der Stelle über eine leere Patronenhülse gestolpert ist, von der der Wilderer seinen letzten Schuss abgegeben hat. Daher wissen wir, dass der Typ das alte Schrotkaliber 12 benutzt.«

»Also doch Wenzel?«

»Nicht unbedingt. Aber wir sollten da mal nachhaken. Ich bin heute Nachmittag sowieso bei ihm – wegen der Fußballtore. Da werde ich ein bisschen rumschnüffeln, mit welcher Munition der alte Knabe in der Gegend rumballert.«

Frank ließ den Brocken ein paarmal zwischen seinen Füßen hin- und hersausen, bevor er ihn wieder zu Jan zurückschoss. »Aber sei bloß vorsichtig. Wenn Wenzel wirklich mit dem Schrotgewehr Rehe jagt und du ihm auf die Schliche kommst – dann bist du in größter Gefahr!«

Der nächste Tag sollte eigentlich so etwas wie ihr Glückstag werden: Schließlich waren sie direkt nach den Schularbeiten mit dem alten Perschke auf ihrer Fußballwiese zum Training verabredet. Aber leider stand der ganze Tag unter keinem gutem Stern. Nachdem Frank und Jacki endlo-

se Ermahnungen ihrer Mutter über sich hatten ergehen lassen müssen, brachen die Geschwister mit ihren Fahrrädern in Richtung Mühlenforst auf.

Über Nacht war Neuschnee gefallen. Eine dicke weiße Pulverschicht lag auf den Straßen und machte das Fahrradfahren zur Qual.

»Ich weiß nicht«, keuchte Jacki, nachdem sie das Sonnenviertel hinter sich gelassen hatten und auf die schmale, zum Wald führende Landstraße eingebogen waren. »Fußballspielen bei diesem Wetter – das bringt doch nichts.«

»Wir sind eben keine Memmen«, widersprach Frank. »Weiß du eigentlich, wie viel von dem Hallenturnier abhängt, auf das wir uns gerade vorbereiten?«

»Ich weiß«, seufzte Jacki. »Ihr hofft, dass euch einer der drei großen Vereine bei diesem Sichtungslehrgang rauspickt und ihr damit gleich ins Profilager wechseln könnt.«

»Ich kenne einen Typen«, schwärmte Frank, »der wird immer direkt nach der Schule von einem Bus von Bayern München abgeholt. Bei denen macht er dann Schularbeiten – aber vor allem trainiert er jeden Nachmittag mit der Profijugend, bis er abends wieder mit der S-Bahn nach Hause fährt.«

»Na, klasse. Das klingt ja echt nach viel Freizeit.«

»Ne, nach viel Fußballspielen.«

»Träum weiter. Ihr drei könnt doch schon echt froh sein, wenn ihr es in die Auswahlmannschaft unseres wunderschönen Landkreises schafft. Schließlich trainiert ihr ein bisschen wenig.«

»Das liegt ja wohl nicht an uns, oder?« Vor lauter Wut trat Frank so kräftig in die Pedale, dass seine Schwester kaum noch mitkam. »Schließlich haben wir uns extra unseren eigenen Fußballplatz zusammengezimmert, um zusätzlich zum Training auf dem offiziellen Platz ...«

»Ja, ja, ja und blablabla«, rief ihm Jacki nach, während sie einen Gang runterschaltete, um mit ihrem Bruder gleichziehen zu können. »Red dir nur immer schön ein, dass ihr die tollsten Kicker der Welt seid. Am Ende drehen euch Eberhard und Thomy doch eine lange Nase!«

Als sie endlich den Fußballplatz erreicht hatten, knallte Frank sein Fahrrad wütend an eine Fichte neben ihrem Klubhaus und stiefelte auf seine Freunde zu, die schon kräftig den Ball durch den Schnee traten. Eberhard und Thomy! Dass er nicht lachte. Die beiden waren solche Pfeifen, dass es ein Wunder war, dass ihre Träne von Trainer glaubte, sie könnten mit den Coolen Kickern mithalten.

Einfach lächerlich war das.

»He, hier!«, schrie ihm Jan zu und jagte den Ball zu ihm herüber.

Es hätte für Frank eigentlich eine Kleinigkeit sein müssen, ihn zurückzuspielen – aber wahrscheinlich war seine angestaute Wut schuld daran, dass er abrutschte und den Ball in Richtung des Wiesenstücks jagte, das Jan an »Onkel Theos Glatze« erinnerte.

Jacki lachte so laut auf, dass Frank sie am liebsten vom Rad heruntergeholt hätte, um sie mal so richtig kräftig durchzuschütteln.

»Spiel du doch mit diesen saublöden Winterstiefeln«, brüllte er seine Schwester an.

Jacki lehnte ihr Fahrrad an sein eigenes (auch das noch!) und schüttelte den Kopf. »Ein richtiger Kicker kann mit jedem Schuhwerk spielen«, sagte sie kopfschüttelnd. »Hast du mir das nicht mal selber gesagt?«

»Ich sag dir gleich was ganz anderes!«, schrie Frank. »Nämlich, dass du die Kurve kratzen kannst, wenn du nicht gleich mit deiner Rumstänkerei aufhörst!«

Jan grinste anzüglich. »Oh, oh, hör ich da Streit unter Geschwistern?«

Jackis Gesichtsausdruck verfinsterte sich. »Dann geh ich eben, wenn du mich hier eh nicht haben willst.«

»Genau«, nickte Frank grimmig. »Das ist vielleicht das Beste für uns alle ...«

Guido, der gerade in Richtung von Onkel Theos Glatzenstelle unterwegs war, um den Ball zu holen, wirbelte herum und lief auf Frank zu.

»He, da haben wir auch ein Wörtchen mitzureden, oder?«

Frank starrte ihn verblüfft an. Was mischte sich denn jetzt auch noch der Oberschlaumeier ein?

»Du schmeißt mir hier niemanden vom Platz«, sagte Guido mit hochrotem Kopf.

Er baute sich vor Frank auf wie ein Boxer, der seinen Gegner gleich nach dem Gongschlag mit einem einzigen Treffer zu Boden schicken will.

»Eh?«, machte Frank verwirrt.

Sein bester Freund hatte sich bislang aus ihren

Geschwisterstreitigkeiten rausgehalten. Deswegen war Frank mehr verblüfft als verärgert, dass er nun plötzlich so einen Riesenaufstand machte – bis ihm einfiel, dass der »Professor« eine gewisse Schwäche für seine Schwester hatte.

Auch das noch!

»Ihr könnt mich doch alle mal gern haben«, murrte er und drehte sich auf dem Absatz um. »Ich geh mich jetzt erst mal umziehen.«

KAPITEL 9

Der Streit mit seiner Schwester war natürlich vollkommen überzogen gewesen. Das war Frank sowieso klar. Deswegen hatte es ihm gerade noch gefehlt, dass sich Guido auf Jackis Seite geschlagen hatte.

Frank riss wütend die Tür zu ihrem Klubhaus auf und polterte hinein. Das Beste, was er jetzt tun konnte, war ein bisschen herumzubolzen, um sich dabei abzureagieren. Er riss sich förmlich die Winterstiefel von den Füßen und schleuderte sie mit einer wütenden Bewegung in die Ecke.

Guido und Jacki – das fehlte ihm gerade noch! Er ahnte ja seit längerem, dass sein bester Freund hinter seiner Schwester her war. Aber wenn die beiden wirklich zusammenkommen sollten, wäre das eine Katastrophe.

Bevor er den Gedanken zu Ende denken konnte, stand plötzlich Guido da. Frank zuckte erschrocken zusammen.

»Was willst du denn?«, herrschte er Guido ungewohnt heftig an. »Willst du mir vielleicht erzählen, dass du endlich bei Wenzel ein paar Schrotpatronen abgezockt hast?«

»Mein Besuch bei Wenzel war ein Schuss in den Ofen«, polterte Guido zurück. »Ich hab dir doch schon am Telefon erzählt, dass ich bei ihm keine Munition abstauben konnte. Nein. Ich bin wegen was ganz anderem hier als wegen der Wilderer-Geschichte.«

»Ach ja? Und was sollte das sein?«

Guidos Augen verengten sich. »Ich verstehe ja, wenn bei dir die Nerven blank liegen, aber deswegen musst du doch Jacki nicht so anmachen!«

»Muss ich nicht, nein?« Frank verhedderte die Schnürsenkel des Schuhs, den er gerade angezogen hatte. »Schwestern sind einfach total nervtötend. Du weißt doch, wie Mädchen manchmal sind. Also halt dich da raus, okay?«

Guido starrte ihn so finster an, als wollte er aus dem kleinen Geschwisterstreit tatsächlich eine große Affäre machen. »Ich will mich wirklich nicht bei euch einmischen – aber hier geht es um unseren Fußballplatz, verstehst du? Jacki gehört immerhin zu uns ...«

»Aber nicht zu uns Coolen Kickern«, beharrte Frank. »Das sind nur Jan, du und ich.«

»Wer sagt denn das? Spätestens seitdem uns die beiden Mädels und Luki hier beim Aufbauen des Platzes geholfen haben, gehören sie auch richtig dazu.«

Frank war mittlerweile so aufgebracht, dass er zu allem Übel auch noch die Schnürsenkel seines Fußballschuhs verknotete. »Und das alles bestimmt mal wieder der Herr *Professor* ganz alleine, was?« Er schüttelte entschieden den Kopf. »Aber nicht mit mir, mein Bester. Wir hatten nie gesagt, dass noch andere zu uns Coolen Kickern gehören dürfen.«

»Aber Jacki ist doch deine Schwester!«

Frank zerrte wütend an den Schnürsenkeln herum. »Eben deswegen ja. Nachher will sie auch noch mitbestimmen, wie

wir zu trainieren haben. Und jetzt Schluss mit dem Flachkram!«

Obwohl er seinen Schuh immer noch nicht richtig zugebunden hatte, stürmte Frank wütend aus der Hütte. Er war vollkommen außer sich. Was könnte es Schlimmeres geben, als wenn sich plötzlich der beste Freund auf die Seite der eigenen Schwester stellt!

Bevor er auch nur ein paar Schritte gemacht hatte, stolperte er über die offenen Schnürsenkel. Verdammt noch mal, das hatte ihm gerade noch gefehlt.

Jacki stand neben Jan und unterhielt sich angeregt mit ihm, drehte sich dann aber mit finsterem Gesicht um – bis sie seine Ungeschicklichkeit bemerkte. Spöttisch lächelnd beobachtete sie, wie sich ihr Bruder bückte und verzweifelt an drei Knoten herumzerrte, die sich mittlerweile fest zusammengezurrt hatten. Die blöden Dinger wollten sich einfach nicht entwirren lassen!

»Kann ich dir helfen?« fragte Guido, als er hinter ihm aus dem Klubhaus trat.

»Nicht nötig«, knurrte Frank.

Als er zu seinem Freund hochblickte, fiel sein Blick auf etwas, das vor ihm im zertrampelten Schnee lag.

»Soll ich dir vielleicht eine Schere bringen?«, rief Jacki.

Normalerweise hätte sich Frank über ihre freche Bemerkung geärgert, aber jetzt beachtete er sie gar nicht. Mit spitzen Fingern nahm er das längliche Röhrchen auf, das nur einen Schritt weit von ihm entfernt lag.

»Lass es lieber sein«, sagte Guido leise hinter ihm.

»Äh?« Frank hatte nicht die geringste Ahnung, was der Typ jetzt schon wieder von ihm wollte. »Was soll ich lieber sein lassen?«

»Ich würde jetzt an deiner Stelle keine Schneeballschlacht anfangen«, drohte Guido. »Wir hatten schon genug Aufregung in den letzten Tagen.«

»Du quatschst vielleicht ein Zeug zusammen.« Frank stand empört auf. »Sieh dir lieber das hier an!«

Er reichte Guido das rote Röhrchen, das er gerade gefunden hatte.

»Willst du jetzt ablenken oder ...« Guido bekam ganz große Augen, als ihm klar wurde, was ihm sein Freund da unter die Nase hielt.

»Das sieht ja aus ... Das ist ja eine ...«, stammelte er.

Frank nickte grimmig. »Ich verstehe zwar nicht viel von Gewehren: Aber das sieht mir ganz eindeutig nach einer leeren Schrotpatronenhülse aus!«

Franks Fund änderte die Situation von einem Moment auf den anderen. Der Streit zwischen ihm und Jacki war nebensächlich geworden und selbst Guidos Dummschwätzerei rückte für Frank in den Hintergrund.

Die Patrone, die er gefunden hatte, war etwas kleiner als ein Tannenzapfen, hatte auf der einen Seite ein Metallende und auf der anderen Seite eine leere Öffnung, aus der wohl die eigentliche Schrotladung herausgeschossen war.

»Dieses Ding soll eine Schrotpatrone sein?« Jacki schüttelte ungläubig den Kopf. »Ich dachte immer, so ein Gewehr feuert Kugeln ab.«

»Tut es ja auch«, sagte Guido ernsthaft. »Aber bei einem Schrotgewehr sind es eher Kügelchen als Kugeln. Aber dafür jede Menge.«

»Und damit schießen diese Kerle auf arme Tiere?« Jacki war mittlerweile ganz blass um die Nase. »Dass so etwas überhaupt erfunden wurde!«

»Deswegen mache ich mir aber im Moment am wenigsten Gedanken«, sagte Guido besorgt. »Ich frage mich eher, wie das Teil hierher kommt.«

Er studierte den Aufdruck auf der Außenseite der Patrone. »Es ist jedenfalls nicht Kaliber 12. Entweder knallt dieser abgedrehte Wilderer mit Munition unterschiedlichem Kalibers herum – oder er hat mit der Sache hier gar nichts zu tun.«

»Kann denn ein Gewehr verschiedene Arten von Munition verschießen?«

»Aber klar doch«, nickte Guido. »Es gibt sogar Gewehre, bei denen man die Läufe auswechseln kann, um verschiedene Patronen abfeuern zu können. Aber so ganz genau kenn ich mich da auch nicht aus. Schließlich find ich das voll daneben – auf Tiere schießen und so.«

»Das finde ich auch«, meinte Jacki, »aber kann es nicht sein, dass jemand das Teil hier nur so hingeworfen hat?«

»Patronen wirft man nicht einfach hin«, widersprach Guido. »Es sei denn, man hat gerade einen Schuss abgegeben.«

»Krass!« meinte Jan. »Das würde ja heißen, dass hier jemand auf unserer Wiese herumgeballert hat.«

»Nicht jemand«, wies ihn Frank zurecht, »sondern Wenzel! Der hat bestimmt gemerkt, dass Guido bei ihm heimlich ein paar Patronen abzweigen wollte, um sie mit der Wildererpatrone zu vergleichen.«

»Ach, du meinst, dass er jetzt mit dem Ding hier eine falsche Spur legen will?« Jan kratzte sich am Kopf. »Das könnte natürlich sein. Aber auch, wenn ihr mich für bekloppt haltet: Irgendwie glaube ich, dass Eberhard dahinter steckt!«

»Und was machen wir jetzt?« fragte Jacki verstört.

Guido sah auf seine Armbanduhr. »Eigentlich müsste der alte Perschke schon längst hier sein. Ihr wisst ja, dass wir uns ohne ihn hier gar nicht aufhalten dürfen.«

»Ja, klar. Aber was hat das damit zu tun?«

»Na was meinst du, was passiert, wenn er uns hier mit einer Schrotpatrone rumstehen sieht?«

Jan stampfte wütend mit dem Fuß auf. »Ich wette, dann können wir unseren Platz endgültig abhaken.«

»Genau«, pflichtete ihm Guido bei. »Deswegen los, Leute! Sehen wir nach, ob hier noch mehr von diesem Scheißzeug herumliegt.«

»Und was machen wir dann damit?« fragte Jacki ängstlich.

»Wir stopfen es in den hintersten Winkel unserer Hütte und trainieren erst mal weiter. Ist das klar? Oder habt ihr irgendwelche Einwände?«

Die anderen schüttelten den Kopf. Auf Guidos Vorschlag hin übernahm jeder von ihnen einen Teil der Wiese. Wenige Minuten später versammelten sie sich wieder an ihrem Klubhaus.

Jeder von ihnen hielt ein paar abgefeuerte Patronen in der Hand. Einige waren rot und einige blau, aber sie hatten alle das gleiche Aussehen und die gleiche Größe.

Jan hatte eine Tüte aus der Hütte geholt, in die sie jetzt ihre Fundstücke stopften. Das geschah keinen Augenblick zu früh, denn das Moped des alten Perschkes knatterte den Feldweg herauf.

»Schnell weg damit«, zischte Guido Jan zu.

Der Junge hielt Frank und Jacki die Tüte hin, damit sie ihre Patronen hineinwerfen konnten. Zusammen waren es weit über zehn Stück. Der Wilderer hatte hier offensichtlich eine regelrechte Schießerei veranstaltet.

»Mensch, beeil dich«, stieß Jacki aufgeregt hervor. »Er ist gleich da!«

KAPITEL 10

Perschke bog auf die Wiese ein und fuhr langsam auf sie zu. Jacki gab Jan einen Schubs, als hätte sie Angst, dass der alte Mann sehen konnte, was sich in der Tüte befand.

Jan spurtete los. Die Tüte in seiner Hand wackelte so sehr, dass Frank einen Moment lang befürchtete, er könnte einen Teil des Inhalts verlieren.

Doch schon war der Junge in der Hütte verschwunden.

Gerade rechtzeitig, denn Perschke brachte sein Moped bereits zum Stehen.

»Hallo«, rief er ihnen zu. »Ich hab meine alte Kreidler nicht angekriegt. Tut mir Leid, dass ich deswegen ein bisschen zu spät komme.«

»Kein Problem«, winkte Guido ab. »Wir sind auch noch nicht lange da. Eigentlich wollten wir gerade mit dem Training anfangen – aber Frank hat irgendwie so blöd seine Schnürsenkel verknotet, dass er sie jetzt nicht mehr aufkriegt.«

»So eine Kleinigkeit hält doch wohl kaum einen echten Kicker vom Spielen ab, was?« lachte der alte Mann, während er zu ihnen hinüberstapfte.

Er war abenteuerlich gekleidet. Statt eines Helms trug er eine lederne Schutzhaube, über die er die Kapuze seines Anoraks gezogen hatte. Dagegen sahen seine Beine fast aus,

als ob sie in einem Raumanzug steckten, so dick aufgeplustert waren sie.

Als er zum Umziehen auf die Hütte zuging, stürmte ihm Jan so ungestüm entgegen, dass die beiden fast zusammengekracht wären.

»Was ist denn mit dir los, mein Junge?« fragte Perschke. »Du siehst ganz blass um die Nase herum aus.«

»Nee, nee, es ist alles in Ordnung«, stieß Jan aufgeregt hervor. »Die Wilderer sind bestimmt überhaupt nicht mehr in der Gegend. Deswegen haben wir auch nicht die geringste Spur von ihnen entdeckt.«

Frank klappte vor Entsetzen der Unterkiefer herunter. Der Traumtänzer stieß Perschke ja geradezu mit der Nase darauf, dass hier etwas nicht stimmte!

»Die Wilderer.« Perschke nickte langsam. »Ja, da könnte ich euch so manche Geschichte erzählen. Nach dem Krieg ist es hier ganz schön zur Sache gegangen. Ich hoffe nur, dass wirklich der ›wandernde Wilderer‹ dahintersteckt und nicht irgendein alter Wirrkopf, der schon damals mit seiner Flinte die Gegend hier unsicher gemacht hat.«

Sein Blick verlor sich in der Ferne. Vielleicht war es nur ein Zufall: aber in der Richtung, in die er sah, lag der Wenzelhof.

Ohne ein weiteres Wort drängte er sich an Jan vorbei und verschwand im Klubhaus.

»Das war knapp«, zischte Frank Jan zu.

»Wieso?« fragte Jan unschuldig.

»Um ein Haar hättest du ihm doch erzählt, dass wir hier die Patronen gefunden haben«, schimpfte Jacki.

Jan schaute betreten zu Boden. »Ihr tickt ja beide nicht mehr ganz sauber«, murmelte er schließlich. »Erst kratzt ihr euch fast die Augen aus und dann zieht ihr gemeinsam über mich her.«

Frank und Jacki runzelten wie auf ein gemeinsames Kommando hin die Stirn, sahen sich an – und platzten vor Lachen heraus.

»So ist das eben bei Geschwistern«, kicherte Jacki schließlich.

»Ich versteh schon«, sagte Jan düster. »Pack schlägt sich, Pack verträgt sich.«

»So kann man das auch sehen«, sagte Guido ungewohnt heftig, drehte sich auf dem Absatz um und stapfte in Richtung Spielfeld davon.

»Oh, oh«, sagte Jan voller Schadenfreude. »Unserer tapferer Ritter scheint jetzt aber ganz schön beleidigt zu sein.«

Kaum hatten die Coolen Kicker ihr Aufwärmtraining hinter sich, als das Geräusch mehrerer Autos den Feldweg heraufdröhnte. Frank stoppte den Ball, den ihm Jan gerade zugespielt hatte, und drehte sich überrascht um. Es waren zwei Wagen, die auf die Fußballwiese einbogen und langsam auf das Klubhaus zufuhren.

Frank stockte der Atem. Es war ganz eindeutig der große Geländewagen der Familie Sendler, der vorausfuhr, und soweit Frank erkennen konnte, saßen zumindest drei Personen darin. Einen viel größeren Schreck verursachte ihm aber der zweite Wagen, der hier wirklich nichts verloren hatte.

Es war die Familienkutsche seines Vaters.

»Jetzt hol mich ...«, begann Perschke. Doch statt seinen Satz zu beenden, stiefelte er auf die Wagen zu, die mittlerweile vor dem Klubhaus stehen geblieben waren.

Frank hatte nicht unbedingt das Bedürfnis, ihm zu folgen. Er würde auch so früh genug erfahren, was dieser Aufmarsch zu bedeuten hatte.

Er brauchte nicht lange zu warten. Bauer Sendler und sein Vater begrüßten Perschke nur knapp und stiefelten dann auf die Coolen Kicker zu, als wollten sie ihnen eine Abreibung verpassen. Das sah überhaupt nicht gut aus. Frank hätte am liebsten auf dem Absatz kehrt gemacht, um ins Klubhaus zu flüchten.

»Jetzt reicht es endgültig«, schimpfte sein Vater. »Ihr packt sofort eure Sachen ein und kommt mit.«

»Aber warum ...?«, begann Frank, bis sein Blick auf Karin und Luki fiel, die gerade aus dem Geländewagen stiegen. Sie sahen ganz bleich und verstört aus.

Langsam begann Frank die Sache unheimlich zu werden. Seinen beiden Freunden erging es nicht besser. »Was ist denn passiert?«, wollte Guido wissen.

Sendler ließ seinen Blick über die Wiese schweifen, bevor er sagte: »Wir haben so eine Art Bombenalarm bekommen.«

»Bombenalarm?« Guido schüttelte verwirrt den Kopf. »Ich verstehe rein gar nichts mehr.«

»Es hat nicht direkt mit Bomben zu tun«, berichtigte Franks Vater rasch. »Aber wir haben erfahren, dass ihr Munition beiseite geschafft haben sollt.«

»Was?«, schrie Jan. »Wer behauptet denn so einen Mist?«

Frank erkannte, dass sein Vater nahe dran war, vor Wut zu platzen – aber noch riss er sich zusammen. »Ich will keine vorschnellen Behauptungen aufstellen. Lasst uns erst mal einen Blick in euer Klubhaus werfen.«

»Aber wir haben nicht aufgeräumt«, wehrte Jan ab. »Und außerdem gibt's da überhaupt nichts Interessantes zu sehen.«

»Das zu entscheiden solltest du lieber uns überlassen«, sagte Sendler. Sein typisch lustiges Lächeln war wie weggewischt und hatte einem fast verkniffenem Gesichtsausdruck Platz gemacht. Frank begriff überhaupt nicht, wie er und sein Vater zusammengekommen waren, denn soviel er wusste, kannten sie sich nur vom Sehen.

Aber das war jetzt seine geringste Sorge. Die beiden Männer stürmten an ihnen vorbei, rissen die Tür auf und polterten in die Hütte, als hätten sie keine Zeit zu verlieren. Jan wollte ihnen hinterher, aber Frank hielt ihn im letzten Moment am Kragen fest.

»Du bleibst besser hier«, zischte er.

»Aber«, stammelte Jan leise. »Wenn die die Tüte finden!«

Karin war mittlerweile so nahe herangekommen, dass sie seine letzten Worte mitgehört hatte. »Was für eine Tüte meinst du?«, fragte sie scharf.

»Na ... die Tüte eben«, sagte Jan unglücklich.

»Da sind doch nicht etwa Patronen drin, oder?«, bohrte Karin nach.

Jan wandte sich ohne zu antworten ab. Frank nickte an

seiner Stelle: »Es sind Patronen drin und gleich wird sie dein Vater finden.«

Karin starrte nach oben in den Himmel, als würde sie von dort Hilfe erwarten. »Das darf doch alles nicht wahr sein«, stöhnte sie.

»Da kann ich dir nur Recht geben«, sagte der alte Perschke, der jetzt auf Hörweite herangekommen war. »Ich bin's bald leid. Wenn das so weitergeht, kann ich euch nicht mehr trainieren!«

KAPITEL 11

Luki stand auf Zehenspitzen vor dem größten Fenster der Klubhütte. Gebannt beobachtete er, wie die beiden Männer das Häuschen auf den Kopf stellten. Es hatte nicht mehr als drei Räume. Die kleine, mit Blech ausgeschlagene Küche, den danebenliegenden Schlafraum, in dem die Coolen Kicker jetzt ihre Trainingssachen aufbewahrten, und den großen Raum im Vorderteil des Häuschens, in dem sie sich wohnlich eingerichtet hatten.

»Wieso wisst ihr das mit den Patronen?«, fragte Frank.

Karin zuckte mit den Schultern. »Irgendein Unbekannter hat meinen Vater angerufen. Und deinen Vater wohl auch ... Aber ganz genau weiß ich es nicht. Jedenfalls haben die beiden verabredet, sich hier zu treffen, um der Sache auf den Grund zu gehen.«

»Ich verstehe nicht ganz, wovon ihr redet«, sagte der alte Perschke müde. »Um was für Patronen geht es denn überhaupt?«

Da jetzt sowieso schon alles egal war, erzählte ihm Frank mit wenigen Worten die ganze Geschichte.

»Das klingt aber überhaupt nicht gut«, meinte Perschke. »Vor allen Dingen hättet ihr mir den Patronenfund sofort melden müssen.«

»Und auch unseren Eltern«, seufzte Frank. »Ich weiß.«

Aus der Hütte drangen mittlerweile laut polternde Geräusche. Offensichtlich waren die beiden Väter bei ihrer Suche nicht besonders zimperlich.

Jan schubste ihn an. »Vielleicht sollten wir einfach auf unsere Räder steigen und nach Hause abdüsen«, flüsterte er mit bleichem Gesicht.

»Das können wir wohl vergessen«, sagte Guido stinksauer. »Mensch, ich könnte mich selbst in den Hintern treten …«

In diesem Moment brüllte jemand in der Hütte triumphierend auf. Luki zog rasch den Kopf ein und lief zu ihnen zurück. »Sie kommen«, rief er dabei unnötigerweise.

Jacki versteckte sich hinter Guidos nicht allzu breitem Rücken und Jan duckte sich in Perschkes Schatten, sodass Frank als Einziger ungeschützt dastand, als sein Vater wutschnaubend aus der Tür stürmte.

»Was ist das hier?«, donnerte er, während er eine Tüte mit dem bunten Aufdruck eines Möbelhauses hin- und herschwenkte. »Seid ihr von allen guten Geistern verlassen? Was bildet ihr euch eigentlich ein, leergeschossene Patronen zu verstecken? Und das gerade, wenn ein Wilderer hier sein Unwesen treibt!«

»Wir haben …«, begann Frank mutig.

»Sei still! Steig sofort ins Auto – nein, zieh dich erst um. Aber eines kann ich dir versprechen: diese Sache wird noch ein deftiges Nachspiel haben!«

Frank hatte seinen Vater noch nie so wütend erlebt. Dabei schien er seinen Sohn für den Hauptschuldigen zu halten und ließ eine wahre Schimpfkanonade auf ihn niederprasseln.

Jacki bekam dagegen überhaupt nichts ab – das war mal wieder typisch!

Schließlich setzte sich Frank mit gesenktem Kopf und feuerroten Ohren in Richtung Klubhaus in Bewegung, um die Fußballklamotten gegen seine normale Winterkluft einzutauschen.

In diesem Moment stürmte Sendler heraus und rannte den Jungen fast über den Haufen. Er maß Frank mit einem so strafenden Blick, dass dieser am liebsten im Boden versunken wäre.

»Kannst du mir das hier erklären?«, herrschte er ihn an. »Ich hab die Dinger in der Küchenschublade gefunden!«

Frank starrte fassungslos auf drei Schrotpatronen, die in Sendlers Hand lagen. Im Gegensatz zu denen, die sie auf dem Fußballplatz gefunden hatten, waren diese hier noch nicht abgefeuert.

Aber sie hatten doch gar keine unbenutzten Patronen gefunden! Wie konnten die in ihrer Küche auftauchen?

Ein paar Sekunden lang herrschte eisiges Schweigen. Frank starrte fassungslos auf die Patronen und Sendler beobachtete ihn mit dem kalten Blick einer Schlange, die auf den passenden Moment zum tödlichen Biss wartet.

Hinter sich hörte Frank die Schritte seines Vaters und er wusste, dass es für ihn jetzt kein Entrinnen mehr gab. Die beiden Männer würden von ihm eine vernünftige Antwort erwarten und sich nicht damit zufrieden geben, dass er sie mit einem »wirklich keine Ahnung« abspeiste.

Aber sosehr er sich auch bemühte: Frank konnte den

Vätern nicht erklären, wie die drei Schrotpatronen in die Küchenschublade ihres Klubhauses gelangt waren. So war es kein Wunder, dass ein wahres Strafgericht auf sie niederdonnerte. Schließlich verstaute Franks Vater die Räder seiner Kinder im Familienkombi und fuhr sie, immer noch schimpfend, auf dem schnellstens Weg zurück nach Hause.

Trotzdem waren sie nicht bereit aufzugeben. Kaum in seinem Zimmer angekommen, verabredete Frank mit seinen Freunden per Handy ein geheimes Treffen im Garten von Jans Oma, der ganz in der Nähe der Schule lag. Obwohl sie alle für unbestimmte Zeit Stubenarrest bekommen hatten, schlichen sie am nächsten Morgen wie verabredet durch das Seitentor auf das große Grundstück.

»Das ist eine ganz böse Sache«, sagte Guido grimmig, als sie sich im neuen Gerätehaus von Jans Oma versammelt hatten. »Meiner Meinung nach hat uns jemand die Patronen absichtlich untergeschoben, um uns fertig zu machen.«

»Genau«, nickte Frank. »Und dann hat er uns bei unseren Vätern angeschwärzt.«

»Mein Gott, warum redet ihr eigentlich immer um den heißen Brei herum?«, fluchte Jan. »Ihr wisst doch genau, wer dahintersteckt, oder? Wenzel kann es ja kaum gewesen sein, weil ihn Karins Vater bestimmt an der Stimme des Anrufers erkannt hätte, der uns verpfiffen hat ...«

»Also war es Eberhard«, seufzte Frank. »Die Frage ist nur, wie er in unser Klubhaus gekommen ist.«

»Und warum er dann nicht unsere Sachen kaputt gemacht hat«, fügte Jacki hinzu.

Guido pochte ungeduldig auf den Gartentisch. »Weil der verdammt gerissen ist. So eine verfluchte Schweinerei! Hätte er sich an unseren Sachen vergriffen, dann hätten unsere Eltern zu uns gehalten. Aber so ...«

»Nicht so laut«, zischte Jan. »Was meinst du, was passiert, wenn meine Oma uns hört.«

»Schon gut«, winkte Guido ab, »aber das ändert nichts daran, dass sich Eberhard diesmal einen wirklich teuflischen Trick ausgedacht hat.«

Karin nickte langsam. »Klar, er will meinen Vater dazu bringen, dass er euch von der Wiese schmeißt.«

»Das hat er ja schon fast geschafft«, sagte Jan finster. »Jetzt haben wir uns erst mal eine Platzsperre eingehandelt, dass es sich nur so gewaschen hat. Und ihr habt ja gehört, was uns die beiden Väter angedroht haben: Die geringste Kleinigkeit und wir können unsere Tore samt Klubhaus abreißen und uns auf das normale Training beim 1. FC Wilnshagen beschränken.«

Guido verschränkte die Hände im Nacken und starrte gegen die niedrige Holzdecke. »Das reicht nicht. Um wirklich Profikicker zu werden, müssen wir härter trainieren.«

»Ich weiß auch, dass der Sichtungslehrgang im nächsten Mai unsere einzige greifbare Chance ist, entdeckt zu werden.«

»Vergesst nicht das Hallenturnier, bei dem ihr euch vorher noch eine gute Position für dieses Sichtungszeugs erspielen müsst«, mahnte Jacki. »Ihr wisst doch, dass Eberhard und Thomy ihren eigenen Privattrainer haben, um euch dort auszustechen.«

»Setz uns nur noch weiter unter Druck«, schimpfte Jan. »Weißt du eigentlich, was passiert, wenn meine Oma merkt, dass wir uns in ihrem neuen Anbau heimlich treffen?«

Jacki schauderte. »Dann machen uns die Eltern platt.«

»Die stauchen uns auf die Größe einer Briefmarke zusammen«, befürchtete Frank. »Aber trotzdem: Wir können uns von Eberhard nicht den Platz wegnehmen lassen!«

Die anderen murmelten zustimmend.

»Also«, fuhr Frank fort, »müssen wir irgendwie unseren Eltern beweisen, dass Eberhard und Thomy hinter dieser Schweinerei mit den Patronen stecken.«

»Und die Sache mit dem Wilderer sollten wir ganz nebenbei auch klären«, stöhnte Jan.

»Wenn möglich, ja. Also: Wer ist dabei?«

Es war gar keine Frage, dass sie alle mitmachten. Guido hatte zwar mal wieder jede Menge Ideen, aber der richtig große Wurf war nicht dabei.

Schließlich war es Frank, der den passenden Einfall hatte: »Irgendwoher muss Eberhard die Patronen haben. Vielleicht können wir da ansetzen?«

»Nicht schlecht.« Guido kratzte sich ausgiebig am Kinn. »Vor ein paar Wochen hatte er sich doch jede Menge Feuerwerkskörper besorgt und jetzt Schrotpatronen! Das sieht danach aus, als ob er da eine ganz spezielle Quelle hätte.«

»Und du meinst, wenn wir die auftun, könnten wir ihn drankriegen?« Karin lehnte sich ein Stück in ihrem

Gartenstuhl zurück. »Dazu müssten wir ihn aber im Auge behalten.«

»Du meinst, Detektiv spielen?«, fragte Frank aufgeregt.

»Wir müssten uns so absprechen, dass immer einer Eberhard auf den Fersen bleibt«, überlegte Guido. »Im Notfall kann er dann die anderen zu Hilfe rufen.«

»Das wird aber ein bisschen schwierig. Jetzt, wo wir alle Stubenarrest haben.«

»Das kriegen wir schon hin«, meinte Frank. »Jacki wird heute Nachmittag unsere Mutter einfach ein bisschen auf Trab halten – und ich verdrück mich währenddessen durch den Hintereingang.«

»Du spinnst wohl«, fauchte Jacki. »Wie soll ich denn das machen?«

»Du hast doch sowieso einen Zahnarzttermin, oder? Da seid ihr schon mal eine Weile weg ...«

»Das ist doch wirklich voll krass, dass du mich daran erinnerst, du Stinkstiefel«, murrte Jacki. »Zahnarzt – iii, brr!«

»Aber im Vergleich zu Eberhard ist es immer noch das geringere Übel!«

KAPITEL 12

Es kam, wie es kommen musste: Kaum hatten Frank, Jan und Guido in ihrem Klassenzimmer Platz genommen, marschierte auch schon die Radke mit den Deutscharbeiten herein. Jan hatte eine Sechs. Frank hatte eine Sechs. Nur Guido hatte mit einer Vier noch erstaunlich gut abgeschnitten.

Trotzdem mussten ihn Jan und Frank davor zurückhalten, sich in der Pause auf Eberhard zu stürzen. Ausgerechnet Hitzkopf Jan packte seinen ansonsten so ruhigen Freund am Kragen und zischte ihm zu: »Benimm dich nicht wie der allerletzte Idiot. Eberhard will doch nur, dass du ausrastest.«

»Soll er bekommen, was er will«, stieß Guido aufgeregt hervor, während er versuchte, Jans Hand abzustreifen. »Eine Vier! Die schlechteste Note, die ich bisher in einem Aufsatz hatte, war eine Zwei.«

»Herzlichen Glückwunsch, du Streber. Ich hab noch nie eine Zwei im Aufsatz geschafft.«

»Vorsicht.« Frank versetzte seinem Freund einen leichten Rippenstoß. »Die zwei Pappnasen tanzen gerade an.«

Tatsächlich bahnten sich Eberhard und Thomy ihren Weg durch ihre Pausenbrot-kauenden oder herumtobenden Mitschüler. Kurz vor den Coolen Kickern blieben sie stehen und bauten sich vor ihnen auf, als wollten sie eine Schlägerei anfangen.

Dass sie etwas ganz anderes vorhatten, begriff Frank erst einige Sekunden später.

»Na, na, na«, spottete der etwas dämliche Thomy, »ihr habt im Aufsatz wohl keinen großen Stich gemacht, oder, eh?«

»Der Einzige, der hier 'nen Stich hat, bist du, Pfeife!«, schäumte Guido. »Und wie ich dich kenne, hast du es auch ohne Juckpulver geschafft, den Aufsatz zu verhauen.«

»Pass bloß auf, Großmaul, du. Ich hab nämlich diesmal 'ne Vier.«

Eberhard stand bloß grinsend da und sah zu, wie die Coolen Kicker langsam die Fassung verloren.

»Du machst jetzt besser 'ne Fliege, Thomy«, drohte Frank. »Ich weiß nämlich nicht, wie lange ich meine beiden Freunde noch zurückhalten kann.«

»Kommt doch, kommt doch, haut mir doch die Nase platt!«, rief Thomy fröhlich. »Dann sieht die Radke gleich, dass ihr die gefährlichen Schläger seid und nicht wir.«

»Das kannst du haben«, polterte Guido. Mit einem Satz war er bei Thomy, packte ihn mit der linken Hand – und holte mit der Rechten zu einem vernichtenden Schlag aus.

Eberhard machte nicht die geringsten Anstalten, seinem Freund zu Hilfe zu eilen. Ganz im Gegenteil: Er griff in seine Jackentasche und holte eine kleine Kamera hervor.

Guido erstarrte mitten in der Aktion. Er sah aus wie eine Zeichentrickfigur, deren Bewegungen für zwei, drei Sekunden eingefroren worden waren.

»Mach nur weiter«, forderte ihn Eberhard unverschämt

grinsend auf. »Das gibt bestimmt ein wunderschönes Foto! Vielleicht kann ich es sogar in der Zeitung veröffentlichen.«

Das schien Guido ganz genauso zu sehen. Langsam ließ er die Faust sinken. »Pass nur auf, dass du den Bogen nicht überspannst«, drohte er dabei.

»Ich bin doch Fußballer und kein Bogenschütze«, lachte Eberhard.

Nach Thomys und Eberhards Pausenauftritt war Frank überhaupt nicht mehr zu bremsen. Direkt nach dem Mittagessen zog er sich in sein Zimmer zurück – angeblich, um in Ruhe Hausarbeiten zu machen. Seine Mutter war mit der Bügelwäsche beschäftigt und wurde zwischendurch von Jacki mit einem Haufen vollkommen überflüssiger Fragen auf Trab gehalten.

Frank wusste, dass er sich in dieser Beziehung hundertprozentig auf seine Schwester verlassen konnte. Um zu verhindern, dass ihre Mutter nach oben in Franks Zimmer ging, würde sie notfalls sogar einen Streit vom Zaun brechen.

Auf Zehenspitzen schlich sich Frank die Treppe hinunter, drückte sich am Wohnzimmer vorbei, in dem die beiden weiblichen Wesen des Hauses aufgeregt aufeinander einschnatterten, und legte fast atemlos die letzten Meter bis zum Hintereingang zurück.

Zwei Minuten später stand er draußen auf der Straße und machte sich auf den Weg in Richtung Sonnenviertel. Es war ihm klar, welch riskantes Spiel er spielte.

Wenn sich seine Mutter nicht ablenken ließ und trotz

Jackies ganzem Einsatz bemerkte, dass er unerlaubt das Haus verlassen hatte ... Das wäre gar nicht auszudenken!

Als er wenige Minuten später in die Straße einbog, in der Eberhard wohnte, zuckte er erschrocken zusammen. Im Schutz eines Lieferwagens entdeckte er jemanden, mit dem er nun wirklich nicht gerechnet hatte: Luki.

Mit weit ausholenden Schritten stürmte Frank auf ihn zu. »Was machst du denn hier, verdammt noch mal?«

»Hallo Frank«, lächelte ihm Luki entgegen. »Ich dachte, ich könnte dir ein bisschen helfen.«

»Bist du total durchgeknallt?«, schimpfte Frank. »Woher weißt du überhaupt, dass ich hierher wollte?«

»Das hat mir Karin erzählt.«

»Hat sie dich etwa geschickt?«

Der Kleine schüttelte den Kopf. »Keine Spur. Ich bin ganz von allein dahinter gekommen, dass ich etwas tun muss, um euch bei dieser Sache mit den Schrotpatronen rauszuhauen.«

Frank war richtig entsetzt. »Heißt das etwa, dass du den ganzen Weg allein hergeradelt bist, ohne dass deine Eltern etwas davon wissen?«

Luki nickte unbeeindruckt. »Das ist nicht mal ganz so schlimm wie bei dir, oder? Schließlich habe ich keinen Stubenarrest.«

Darauf wusste Frank beim besten Willen keine Antwort mehr. »Also gut«, sagte er nach einer Weile. »Du kannst von mir aus erst mal hier bleiben. Aber auf keinen Fall länger als eine Stunde!«

Luki atmete auf. »Klasse. Übrigens wird es dich wahrscheinlich interessieren, dass Thomy gerade zu Eberhard reingegangen ist.«

»Tatsächlich? Wann war das?«

»Gerade eben erst. Kurz, nachdem ich gekommen bin.«

»Hoffentlich hocken sich die beiden jetzt nicht stundenlang vor den Computer. Denn ich muss spätestens um fünf Uhr wieder weg – da kommt nämlich mein Vater nach Hause und wie ich ihn kenne, wird er mich wegen dieser Schrotpatronensache noch mal ins Gebet nehmen wollen.«

KAPITEL 13

Frank wünschte sich, er könnte mit seinen Freunden Fußball spielen. Aber nein, jetzt hockte er hier mit Luki an seiner Seite blöd herum, nur weil ihnen dieser Oberidiot Eberhard eine reingewürgt hatte.

»Und warum bist du hier – und nicht deine große Schwester?«, fragte er nach einer Weile.

Luki zuckte mit den Schultern. »Weiß auch nicht so genau. Sie hatte irgendwas vor. Ich glaube, sie wollte noch mal hoch zum Fußballplatz.«

»Was?!« Franks Ausruf war so laut gewesen, dass er sich erschrocken umsah. Es fehlte noch, dass Eberhard die Bespitzelung mitbekam.

»Was will Karin denn auf der Fußballwiese?«, fragte er verwirrt. »Da ist es doch viel zu gefährlich für sie.«

Luki lächelte versonnen. »Meine Schwester kann schon auf sich aufpassen.«

Das glaubte ihm Frank gerne. Aber was war, wenn Wenzel dort oben mit seiner Schrotflinte herumschlich, wenn er tatsächlich der Wilderer war und verhindern wollte, dass es lästige Zeugen gab?

»Am liebsten würde ich jetzt zur Fußballwiese hoch düsen«, sagte er nervös. »Ich kann sie doch da nicht allein lassen!«

Luki grinste anzüglich. »Meine Schwester mag keine kleineren Jungen«, sagte er. »Du brauchst dir also gar keine Hoffnungen zu machen.«

»Kleinere Jungen? Was soll der Quatsch? Ich will überhaupt nichts von deiner Schwester.«

»Ach ja?«, fragte Luki spöttisch. »Und warum brüllst du dann hier so rum? Ich hab doch selbst oft genug beobachtet, wie du Karin heimlich hinterher glotzt.«

»Das ist ja wohl der Hammer!«, empörte sich Frank. Am liebsten hätte er den Knirps gepackt und kräftig durchgeschüttelt. Wie kam er nur darauf, solchen Unsinn zu behaupten?

»Jetzt ganz, ganz leise«, flüsterte Luki aufgeregt und deutete nach vorne. »Da tut sich was.«

Eberhard und Thomy schienen bester Laune zu sein. Sie redeten aufeinander ein und lachten dabei, als würden sie sich gerade wieder eine neue Gemeinheit ausdenken.

Vielleicht taten sie das ja auch. Der Fußball in Eberhards Hand deutete allerdings eher darauf hin, dass sie zu ihrem Privattraining wollten.

Frank drückte Luki noch tiefer in den Sichtschutz des Lieferwagens. »Ganz vorsichtig jetzt«, flüsterte er. »Die dürfen uns auf keinen Fall entdecken.«

Er wusste, dass die beiden mit Eberhards Cousin Mark bei Thomy trainieren wollten und deshalb direkt an ihnen vorbeikommen würden.

»Hast du gesehen, wie Guido die Muffe gegangen ist, als

ich den Fotoapparat rausgeholt habe?«, lachte Eberhard. »Dabei hatte ich noch nicht mal einen Film eingelegt.«

Frank kochte innerlich vor Wut. Er schwor sich, Guido beim nächsten Mal nicht mehr zurückzuhalten, wenn er sich auf Thomy stürzen wollte.

»Die Alten von denen rotieren bestimmt im Dreieck!«, kicherte Thomy. »Vielleicht können wir den Idioten noch mal ein paar Patronen unterschieben – oder irgend so was.«

»Das bringt nichts mehr.« Eberhard stampfte jetzt genau neben dem Lieferwagen vorbei und Frank überlegte einen Moment, ob er vorspringen und sich auf die beiden stürzen sollte. »Ich hab was ganz anderes vor«, sagte Eberhard. »Wenn meine nächste Stufe zündet, sind die nicht nur bei ihren Eltern unten durch, sondern auch bei uns im Verein. Ich will Anstetter dazu bringen, dass er die drei Halbaffen aus dem 1. FC Wilnshagen rausschmeißt.«

Frank stockte der Atem. Er hatte ja damit gerechnet, dass die beiden wieder eine Sauerei vorhatten, aber das war einfach unglaublich!

Er musste unbedingt ganz genau herausbekommen, was Eberhard vorhatte. Deswegen schob er sich vorsichtig ein Stück weiter.

»Ich hab aber immer noch nicht ganz kapiert, wie du das schaffen willst«, sagte Thomy.

Eberhard lachte rau auf. »Das lass meine Sorge sein. Du wirst schon sehen: Am Ende sind wir die beiden Helden, die im Hallenturnier das Ruder für unseren Verein herumreißen.«

»Echt abgefahren«, staunte Thomy. »Ich freue mich schon

auf die blöden Gesichter von den Typen, wenn die merken, dass sie sich beim 1. FC Wilnshagen nie wieder blicken lassen können.«

»Wir müssen denen hinterher«, stieß Frank hervor, kaum das Eberhard und Thomy um die Ecke verschwunden waren. »Wir müssen rausbekommen, was die Schweinebacken vorhaben!«

»Euch aus dem Verein schmeißen – die haben doch ein Rad ab«, schimpfte Luki. »Das schaffen die gar nicht.«

»Da bin ich mir nicht so sicher.« Frank erhob sich vorsichtig. »Aber jetzt genug gequatscht. Sehen wir lieber zu, dass ...«

Er kam nicht mehr dazu, seinen Satz zu beenden. Aus der Seitenstraße, in der Eberhard und Thomy gerade verschwunden waren, ertönte ein lauter Schrei und dann klirrte irgendetwas.

»Was ist denn da los?«, fragte Frank verwirrt.

Luki war bereits aufgesprungen und sauste wie loskatapultiert davon. Es blieb Frank nichts anderes übrig, als ihm zu folgen.

An der Ecke hatte er Luki eingeholt und nebeneinander stürmten sie in die Seitenstraße hinein, in der ihre Feinde vor einer halben Minute verschwunden waren.

Frank glaubte seinen Augen nicht zu trauen, als er erkannte, welche Szene sich vor ihnen gerade abspielte. Ein Fahrrad lag mitten auf der Straße und daneben stand ein großgewachsenes Mädchen, das aufgeregt auf Eberhard und Thomy einredete.

Es war Karin! Sie hielt irgendetwas in der Hand, mit dem sie Thomy vor der Nase herumfuchtelte.

Frank fragte sich, wie lange der Junge sich diese Behandlung noch gefallen lassen würde. Wahrscheinlich waren sie gerade im richtigen Moment gekommen, denn Thomy brüllte plötzlich etwas und machte einen Schritt auf Karin zu.

»Hey, du Knalltüte!«, schrie Frank, während er gleichzeitig seine Schritte beschleunigte.

Eberhard und Thomy drehten sich überrascht um. Wahrscheinlich dachten sie, die übrigen Coolen Kicker wären auch in der Nähe, denn Eberhard schubste Thomy kurzerhand in die Seite – und dann stürmten die beiden an Karin vorbei die Straße hinunter.

KAPITEL 14

Kurz darauf hatten Frank und Luki das Mädchen erreicht.

»Wir haben sie in die Flucht geschlagen!«, jubelte Luki.

Karin lachte kurz auf. »Natürlich. Und vor allem du, mein großer, starker Retter.«

»Aber die sind doch abgehauen, als sie mich und Frank gesehen haben«, begehrte Luki auf.

»Na ja«, gab Karin zu, »ihr seid schon irgendwie im richtigen Moment aufgetaucht.« Sie bückte sich, um ihr Fahrrad aufzuheben. »Ich hatte eigentlich nicht damit gerechnet, den beiden Idioten über den Weg zu laufen.«

Sie hängte das Teil an den Lenker, das sie Thomy unter die Nase gehalten hatte. »Nun seht euch das mal an: Das hintere Schutzblech ist total verzogen!«

»Das kriegen wir schon wieder hin «, meinte Frank zuversichtlich. »Aber was mich viel mehr interessiert: Was ist das für ein Stirnband, bei dessen Anblick Thomy so ausgerastet ist?«

Karins Gesichtsausdruck verfinsterte sich. »Ich hab's in der Hütte gefunden. Es ist der Beweis, dass die beiden tatsächlich hinter der Sache mit den Patronen stecken!«

Sie riss das Stirnband wütend vom Lenker und hielt es Frank hin. »Fällt dir daran irgendetwas auf ?«

»Das ... das gibt es doch gar nicht«, stammelte Frank. Er

riss Karin das Stirnband aus der Hand. Es war ekelerregend bunt und mitten darauf gestickt stand: 1. FC Wilnshagen. »Das gehört doch Thomy!«

Karin nickte, während sie an dem Schutzblech herumdrückte, um es vom Reifen wegzubekommen. »So etwas Geschmackloses würde sich außer Thomy nie jemand über den Kopf ziehen. Wahrscheinlich hat seine Mama den Schriftzug vom Fußballklub draufgestickt, um ihm eine besondere Freude zu machen.«

»Die Freude hat sie eher uns gemacht«, stieß Frank aufgeregt hervor. »Denn jetzt können wir endlich beweisen, dass Thomy bei uns in der Hütte war. Das muss ich sofort meinem Vater erzählen!«

»Ich fürchte, das ist keine ganz so gute Idee«, meinte Karin. »Kannst du mal das Fahrrad festhalten, damit ich das Schutzblech in Ordnung bringen kann?«

»Oh, ja, klar, entschuldige.« Frank packte kräftig zu, während Karin das verbogene Blech wieder in die richtige Richtung drückte. »Das ist zwar nur eine alte Schrottkiste«, keuchte sie dabei, »aber irgendwie hänge ich an ihr.«

»Ja, ja. Aber warum, meinst du, soll ich meinem Vater nichts von dem Stirnband erzählen?«

Karin stand wieder auf und lächelte Frank zu.

Frank verschluckte sich fast, als er sich im Blick ihrer Augen verfing. Wenn die Situation anders wäre ... Wenn Luki nicht dabei wäre ... Ob er dann versuchen würde, das hübsche Mädchen zu küssen?

»Wir können nicht beweisen, dass ich das Stirnband wirk-

lich in der Hütte gefunden habe«, sagte Karin ernsthaft. »Und außerdem könnte dein Vater vermuten, dass Thomy es dort bei einer anderen Gelegenheit verloren hat.«

»Ja«, sagte Frank geistesabwesend. Ob Karin ihn wirklich für einen kleinen Jungen hielt, wie Luki behauptete?

»He! Träumst du oder was ist mit dir los?«, fuhr ihn das Mädchen an.

»Ne, ne«, stotterte Frank, während er verzweifelt versuchte, in die Wirklichkeit zurückzufinden. »Aber ... wenn wir meinem Vater erzählen, dass Thomy noch nie in unserem Klubhaus war ... dann hat er doch den Beweis.«

»Und meinst du wirklich, das glauben uns die Erwachsenen? Schließlich hatten wir alle Vereinskicker zu unserem Einweihungsfest eingeladen.«

Frank versuchte irgendwo anders hinzuschauen, als in Karins verwirrend schöne Augen. Dann fiel ihm endlich der Fehler in den Worten des Mädchens auf. »Wir hatten Eberhard und Thomy doch gar nicht eingeladen!«

Karin schüttelte ärgerlich den Kopf. »Nein, so funktioniert das einfach nicht. Wie glaubst du eigentlich wird unser Vater darauf reagieren, hey, Luki?«

Der Junge zuckte zusammen und starrte zu seiner Schwester über den Rand seiner Brille hoch. »Er wird rumtoben und irgendwas von dummen Ausreden brüllen.«

»Was ja auch kein Wunder ist«, seufzte Karin. »So oft, wie du ihn gelinkt hast.«

Luki schaute betreten zur Seite.

»Und was wird dein Vater sagen?«, fragte Karin Frank. »So

wie ich dich kenne, hast du ihn auch schon öfter mal mit faulen Ausreden auf die Palme gebracht!«

Frank kratzte sich verlegen am Kopf. »Könnte schon sein«, räumte er ein. »Die Frage ist nur, wie ich an dich rankomme ... eh ...«

Frank bekam einen knallroten Kopf, als er merkte, dass er seine geheimsten Gedanken ausgequasselt hatte. Zu allem Überfluss lächelte Karin auch noch über seine Ungeschicklichkeit, während Luki hämisch grinste.

»Was wolltest du sagen?«, flötete das Mädchen.

»Ich meine, natürlich, eh, ...« Er riss sich mit aller Gewalt zusammen. »Die Frage ist, wie wir uns gegen den fiesen Plan wehren, mit dem uns die beiden aus dem Verein schmeißen wollen!«

Frank hätte am liebsten gleich den Rückwärtsgang eingelegt, um nach Hause abzurauschen und sich dort in der hintersten Ecke zu verkriechen. Mann o Mann, dass er sich auch so blöd verquasseln musste!

Aber wahrscheinlich war es am besten so zu tun, als wäre gar nichts passiert. Deswegen erzählte er Karin auch nur ganz kurz, was sie belauscht hatten, bevor er Guido per Handy in die neuesten Entwicklungen einweihte. Der »Professor« war erst einmal sprachlos.

»Wenn die es wirklich schaffen, uns aus dem Verein zu schmeißen ...«

»Ja, was dann?«, fragte Frank, während er an Karin vorbei in den Himmel schielte.

»Dann ... ich weiß auch nicht. Wir dürfen es auf keinen

Fall so weit kommen lassen! Macht noch mal einen Abstecher zu Thomy. Da trainieren sie wahrscheinlich gerade. Vielleicht könnt ihr da ein paar Schrotpatronen finden.«

»Die werden wohl kaum offen herumliegen«, widersprach Frank. »Aber trotzdem: Wir sehen zu, dass wir dort was rausbekommen. Bis dann!«

KAPITEL 15

Luki hatte inzwischen schon sein Fahrrad geholt und da Frank zu Fuß unterwegs war, ließ ihn Karin auf ihren breiten Gepäckträger aufsteigen. Für den Jungen war das die Erfüllung eines Traums, denn schließlich kam er dem Mädchen dabei ganz unauffällig näher. Leider dauerte die Fahrt nur zwei, drei Minuten – dann hatten sie auch schon das große, alte Grundstück erreicht, auf dem Thomys Elternhaus stand.

Bereits aus der Ferne hörten sie die begeisterten Rufe der beiden Jungen.

»Die spielen volle Kanne Fußball und wir können nichts weiter tun, als denen zugucken!«, schimpfte Luki.

Obwohl Frank zurzeit andere Sorgen hatte, konnte er dem Kleinen in diesem Punkt nur Recht geben. Nachdem sie die beiden Fahrräder verstaut hatten, schlichen die drei mit klopfenden Herzen an die mit dichten Büschen bepflanzte Grundstücksgrenze heran, bis sie schließlich eine schmale Lücke fanden, durch die sie hindurchspähen konnten.

Es war ganz so, wie Luki befürchtet hatte: Neidisch beobachteten sie, wie Eberhards Cousin – ein Kreisligaspieler – mit den beiden Jungs eine gleichermaßen fröhliche wie sinnvolle Trainingsrunde absolvierte.

Frank spürte regelrecht, wie es in seinem rechten Fuß zu

kribbeln begann. Fußball war eine Sache, über die man sogar hübsche Mädchen vergessen konnte – zumindest beinahe.

Plötzlich hörte er Schritte hinter sich. Sie waren nicht laut, eher verhalten und so, als würde sich jemand an sie heranschleichen wollen.

»In Deckung«, zischte Frank und drückte sich in den Schatten der Büsche, die das Grundstück einrahmten.

Luki und Karin machten es ihm nach. Aber es nützte nichts. Wer auch immer dort auf sie zukam: Wenn er nicht im letzten Moment auf die andere Straßenseite wechselte, musste er geradewegs in sie hineinstolpern.

Frank wirbelte herum.

Und starrte direkt ins Gesicht seines Vereinskameraden Michael, dem besten Torwart, mit dem er je zusammengespielt hatte. Der Junge erschrak genauso wie er selbst, als er sich den dreien so unvermittelt gegenübersah.

»Hallo, Mitchy«, sagte Frank verlegen.

»Oh«, machte Michael. Sein Unterkiefer klappte herunter. »Aber wie ... warum?« Sein Blick wanderte zwischen Frank und den Sendlergeschwistern hin und her. »Was macht ihr denn hier?«

»Das ist eine ziemlich dämliche Frage, oder?«, fuhr ihn Karin an. »Frank wohnt ganz in der Nähe. Da sind wir zufällig hier vorbeigekommen.«

»Aber ...« Michael schüttelte den Kopf. »Ihr habt doch Stubenarrest!«

»Woher weißt du denn davon?« Karin trat direkt neben Frank und musterte den Jungen kalt.

»Och«, machte Michael verlegen. Sein schmales Gesicht wurde ganz bleich. »Ich ... ich ... hab's halt gehört.«

»Von wem denn?«, bohrte Karin nach. »Soviel ich weiß, hat das niemand herausposaunt.«

»Von uns jedenfalls nicht«, nickte Frank.

»Ja, dann – keine Ahnung.« Michael kratzte sich am Kopf. »Ich mach jetzt am besten mal wieder 'nen Abflug. Man sieht sich ...«

Er kam nicht mehr dazu, sich unauffällig aus dem Staub zu machen. Denn kaum hatte er sich umgedreht, als die Büsche hinter ihm beiseite gedrückt wurden – und Eberhard und Thomy auf den Bürgersteig stürmten.

Eberhard brauchte nicht lang, um die Lage zu erfassen. »Ach, so ist das«, sagte er. »Unser lieber, entzückender Mitchy hat die Fronten gewechselt – und unsere Feinde zu uns geführt!«

Frank glaubte nicht richtig zu hören. Fronten gewechselt? Was sollte das bedeuten?

»Nichts ... nichts habe ich gemacht«, beteuerte Michael. Er hob abwehrend die Hände. »Ich war nur zufällig in der Gegend.«

»Zufällig, obwohl wir verabredet waren?« Eberhard grinste abfällig. »Das kannste deinem Hund erzählen aber nicht mir.«

Einen Moment herrschte eisiges Schweigen. Frank hatte Michael bislang immer als eine Art Freund betrachtet – aber er schien sich darin getäuscht zu haben. So, wie Eberhard mit ihm sprach, hielt er ihn offensichtlichen für einen Verbün-

deten im Kampf gegen die Coolen Kicker. Das war unglaublich!

Wenn sogar schon Michael gemeinsame Sache mit Eberhard machte, konnten sie einpacken. Aber das durfte er nicht zulassen. Es ging nicht nur ums Fußballspielen und die Coolen Kicker, es ging auch darum, vor Karin nicht das Gesicht zu verlieren.

Frank wurde ganz schlecht vor Aufregung. Aber trotzdem war er bereit, mit einer frechen Lüge alles auf eine Karte zu setzen.

»Ich weiß nicht, was du von uns willst«, sagte er rasch. »Mitchy hat uns alles erzählt. Wir wissen, dass ihr uns bei Anstetter anschwärzen wollt. Also gebt auf.«

Eberhards Gesicht verzerrte sich vor Wut. »Du Schweinehund!«, schrie er und stürzte sich auf Michael.

Der Junge reagierte trotz seiner offensichtlichen Panik so schnell, als ob er im Tor stehen würde. Er tauchte unter Eberhards zupackenden Armen weg und brachte sich mit einem schnellen Sprung hinter Frank in Sicherheit.

»Lass ihn in Ruhe«, herrschte Frank Eberhard an. »Mitchy gehört zu uns.«

Eberhards Gesicht nahm die Farbe einer überreifen Tomate an. »Das wirst du mir büßen, du Kanalratte!«

»Ich hab überhaupt nichts gemacht«, heulte Michael auf. »Frank und die beiden Sendlers standen hier blöd in der Gegend rum, als ich kam. Die müssen dir irgendwie auf die Schliche gekommen sein.«

»Ach, und wie, du Schmalhirn, blödes?«, fragte Thomy

hämisch. »Doch nur, weil du so dicke mit diesen Coolen Kickern bist.«

Frank spürte geradezu, wie sich Eberhards Muskeln spannten. Es konnte nur noch Sekunden dauern, bis sich der kräftige Junge von seiner Wut zu einer Schlägerei hinreißen ließ. Das musste er unbedingt verhindern.

Da half nur noch eine weitere Notlüge. »Wir haben Mitchy ein bisschen unter Druck gesetzt, damit wir hinter euren bescheuerten Plan kommen. Aber keine Sorge: Der wollte euch überhaupt nicht verraten!«

Michael warf ihm einen fast dankbaren Blick zu. »Da hörst du's ja. Ich bin kein Verräter.«

»Aber dann hast du doch alles ausgequatscht, was?«, fragte Thomy. »Dabei war es so ein abgefahrener Plan, dass du Anstetter stecken solltest, die Coolen Kicker hätten dich und die anderen Torwarte bestochen.«

»Halt die Schnauze«, fuhr Eberhard seinen besten Freund an. »Der Plan ist immer noch gut.«

Franks Gedanken rasten. Wenn ihr Trainer glaubte, dass die Coolen Kicker sämtliche Torwarte bestochen hatten, um sich einen Vorteil zu erspielen, dann würde es ein Riesendonnerwetter geben. Wahrscheinlich würde Anstetter sie für eine Weile sperren. Auf jeden Fall würde er sie beim bevorstehenden Hallenturnier nicht an vorderster Front spielen lassen.

Damit waren aber auch all ihre Chancen dahin, beim Sichtungslehrgang im Mai von einem Profiverein entdeckt zu werden.

»Ich hoffe, du weißt immer noch, was du zu sagen hast«, sagte Eberhard zu Michael. »Schließlich geht es nicht, dass jemand unfair spielt.«

Er und Thomy kicherten los wie ein paar alberne Mädchen. Doch als sie hinter sich Schritte hörten, brachen sie abrupt ab.

Die Büsche bogen sich noch einmal auseinander und hervor trat ein junger Mann. Nach dem Trainingsdress und seinem erbosten Gesichtsausdruck zu schließen, konnte es sich nur um Eberhards Cousin Mark handeln.

Frank wich automatisch ein Stück zurück. Er hatte keine Lust, sich jetzt auch noch mit einem wild gewordenen Zwanzigjährigen anzulegen.

»Was habe ich da gehört?«, herrschte der junge Mann Eberhard an. »Versuchst du etwa, Vereinskameraden mit unfairen Mitteln reinzureißen?«

»Aber Mark«, verteidigte sich Eberhard. »Das verstehst du nicht. Diese ... diese Coole-Kicker-Bande schmeißt uns dauernd Steine in den Weg. Nichts ist denen heilig. Die brauchen dringend eine Lektion.«

»Vielleicht auf dem Fußballplatz«, sagte Mark giftig. »Aber doch nicht, in dem ihr Lügengeschichten über sie verbreitet! So was mach ich nicht mit.«

KAPITEL 16

Es war eine ganz merkwürdige Situation. Mark war eindeutig auf Eberhards Seite – aber genauso eindeutig war er auch dagegen, dass sein Cousin mit fiesen Tricks arbeitete.

»Das ist unter der Würde eines Fußballers – und damit basta«, schimpfte er.

Nachdem Karin ihm Thomys Stirnband gezeigt hatte, das sie gerade im Klubhaus der Coolen Kicker gefunden hatte, wandte er sich drohend an Eberhard: »Habt ihr dort wirklich die Patronen versteckt, um die Coolen Kicker reinzulegen?«

Eberhard zwinkerte nervös. Offensichtlich wusste er nicht so recht, wie er aus dieser Zwangslage herauskommen sollte.

»Wir haben die überhaupt nicht da versteckt«, behauptete Thomy dagegen frech. »Das war diese Kicker-Bande doch selbst! Die haben mir mein Stirnband und meine Patronen geklaut ...«

»Oh, Mann, halt besser die Schnauze«, unterbrach ihn Eberhard wütend. »Sonst wird alles nur noch schlimmer.«

»Die Patronen habt ihr von meinen Vater, nicht wahr?«, fragte Mark. »Der hat nämlich welche vermisst. Und wenn ich's mir recht überlege, war es nach dem letzten Training, als ihr bei uns eine Limo geschlürft habt.«

»Kann schon sein«, sagte Eberhard kleinlaut. »Wir wollten

halt sichergehen, dass uns Frank und seine Freunde nicht mehr in die Quere kommen.«

»Dann seht zu, dass ihr die Sache jetzt wieder anständig hinbiegt«, schimpfte Mark. »Sonst gehe ich höchstpersönlich zu Trainer Anstetter und sag ihm, was ihr vorhattet!«

Frank war vollkommen sprachlos. Mit einem Mal war alles ganz anders. Eberhard sah nicht mehr wie der furchteinflößende große Junge aus, sondern wie ein kleiner Knirps, der von seinem Vater beim unerlaubten Naschen entdeckt worden war.

Mark wandte sich an Frank: »Ich hab euch spielen sehen. Ihr seid wirklich nicht schlecht. Aber bildet euch bloß nicht ein, dass ihr es mit Eberhard und Thomy aufnehmen könnt – jedenfalls nicht, nachdem ich sie trainiert habe.«

»Ja ... aber ... eh ...«, stotterte Frank. »Darum geht es doch jetzt gar nicht.«

»Leider«, seufzte Mark. »Deswegen finde ich, dass wir diese ganze Patronengeschichte möglichst schnell zu Ende bringen sollten.«

»Aber ich seh doch gar nicht ein, dass wir jetzt plötzlich aufgeben«, begehrte Eberhard auf. »Wie sieht das denn aus, wenn wir jetzt groß rumposaunen, wie das mit den Patronen gelaufen ist? Dann stehen wir doch da wie die letzten Deppen.«

»Da ist was dran.« Mark kratzte sich am Kopf. »Obwohl ihr eigentlich einen Denkzettel verdient hättet. Aber vielleicht kriegen wir das ja auf eine sportlichere Art und Weise

aus der Welt. Wie wär's, wenn ihr eure Meinungsverschiedenheiten bei einem Fußballspiel austragen würdet?«

»Ja ...«, stotterte Eberhard. »Aber wie soll das gehen?«

»Ihr könntet in einem kleinen Spielchen gegen die Coolen Kicker zeigen, wie gut ihr seid.«

Eberhard riss den Mund auf, als wollte er irgendetwas Schlaues erwidern. Aber er brachte nur ein heiseres Krächzen heraus.

»Meine Freunde und ich haben sicher nichts gegen ein kleines Spielchen«, sagte Frank vorsichtig. »Aber wir sind zu dritt – und Eberhard und Thomy nur zu zweit.«

»Das dürfte kein Problem sein, oder?« Mark grinste breit. »Wie ist das mit dir, Michael? Du könntest doch als Torwart Eberhard und Thomy zur Seite stehen?«

»Wenn wir uns schon auf so ein Spiel einlassen, sollte es auch um was gehen«, sagte Eberhard.

»Worauf du dich verlassen kannst«, sagte Mark grimmig. »Aber jetzt werde ich erst einmal Karl Perschke anrufen. Der trainiert euch doch, nicht wahr, Frank?«

»Ich hab Eberhard noch nie so kleinlaut erlebt«, sagte Guido, während er neben seinen Freunden den Weg zum Klubhaus hoch trottete.

»Der sah aus wie mein Onkel Theo, als ich ihm gesteckt habe, dass wir die kahle Stelle auf unserem Fußballfeld Onkel Theos Glatzenstelle genannt haben«, lachte Jan.

»Freut euch nicht zu früh«, warnte Guido. »Denn jetzt geht's um alles oder nichts.«

»Warum denn das?«, fragte Jacki entsetzt.

»Weil wir Eberhard für drei lange Monate unsere Fußballwiese überlassen müssen, wenn wir verlieren!«

»Das ist ja wohl der absolute Oberhammer«, schimpfte der kleine Luki. »Eberhard und unsere Fußballwiese – bah!«

»Ich hab das mit dieser Vereinbarung sowieso nicht so ganz verstanden«, meinte Jacki. »Was muss Eberhard denn drauflegen, wenn er verliert?«

»Er muss bei unseren Eltern die Patronengeschichte und die Sache mit dem Torwartschwindel aufklären«, antwortete Frank. »Außerdem muss er uns sein Ehrenwort geben, dass er sich nicht mehr in der Nähe unseres Fußballplatzes blicken lässt. Dafür versprechen wir ihm, seine Betrügereien nicht rumzutratschen.«

»Eberhard und ein Ehrenwort?«, entfuhr es Luki entsetzt. »Der Typ lügt doch schon, wenn er den Mund aufmacht.«

Frank zuckte mit den Schultern. »Mark will dafür sorgen, dass Eberhard sein Versprechen hält, falls er bei dem Spiel verliert.«

»Warum lasst ihr euch bloß auf so 'nen Blödsinn ein«, schimpfte Jacki. »Wenn ihr euren tollen Platz für drei Monate an diese Pappnasen abtreten müsst – das stelle ich mir lieber nicht vor!«

»Ich stelle mir aber auch nicht gerne vor«, sagte Guido sauer, »dass Eberhard bei Trainer Anstetter mit der Behauptung durchkäme, wir hätten unsere eigenen Torwarte bestochen!«

»Und wozu sollte das gut sein?«

»Na, damit wollte er beweisen, dass wir in den vereinsinternen Ausscheidungen immer unfair gewonnen haben. Du kannst dir ja vorstellen, wie Anstetter im Dreieck springen würde, wenn er von diesem angeblichen Betrug erführe. Der würde uns garantiert platt machen!«

»Und was hätten Michael und die anderen Torwarte davon?«

»Zum einen keinen Ärger mit Eberhard«, meinte Guido. »Du weißt ja, wie der Leute unter Druck setzen kann.«

»Und zum anderen?«

»... hatte Eberhard den Typen ein paar abgefahrene Computerspiele versprochen. Das wären wahrscheinlich nur Raubkopien gewesen – aber immerhin.«

»Wie auch immer«, sagte Frank. »Wir müssen das Spiel gegen Eberhard und seine Kumpel unbedingt gewinnen! Sonst sehen wir verdammt alt aus.«

KAPITEL 17

Dumpf vor sich hin brütend legten sie die letzten Meter bis zum Klubhaus zurück. Frank fragte sich, ob es wirklich so klug gewesen war, sich auf das bevorstehende Spiel gegen Eberhard einzulassen. Perschke und Mark wollten dabei zwar für Fairness sorgen – aber trotzdem war zu befürchten, dass sich ihre Gegner noch eine Gemeinheit einfallen ließen.

Ein lautes, hämmerndes Geräusch aus Richtung Klubhaus ließ ihn zusammenzucken. Es klang äußerst merkwürdig. Für einen Moment hörte es sich an, als ob ein Specht mit voller Wucht auf ein Stück Holz einklopfte. Dann klickte es plötzlich – und danach herrschte Totenstille.

Die Coolen Kicker blieben überrascht stehen. »Das wird doch nicht etwa Eberhard sein?«, flüsterte Jacki.

»Glaub ich kaum«, gab Frank leise zurück. »Am besten, wir sehen uns das mal aus der Nähe an.«

»Aber schön vorsichtig«, warnte Karin. »Das letzte Geräusch klang wie das Spannen eines Gewehrhahns.«

»Der Wilderer?«

Karin zuckte mit den Achseln.

Frank zögerte einen Herzschlag lang. Es war gar keine gute Idee, sich mit jemandem anzulegen, der ein Gewehr in der Hand hielt – und der mit dem Schrotschuss auf das Reh bewiesen hatte, wie brutal er war.

Aber auf der anderen Seite konnten sie nicht zulassen, dass hier jemand herumschlich, der ihnen die nächste Gemeinheit in die Schuhe schieben würde. Er nickte seinen Freunden zu. »Also dann.«

Als er weiterging, klopfte sein Herz bis zum Hals. Jan und Guido waren direkt neben ihm, während Jacki und Karin mit ihrem kleinen Bruder etwas zurückblieben.

Die wenigen Schritte bis zur Hütte kamen Frank mit einem Mal endlos vor. Er fragte sich, was er machen sollte, wenn jetzt gleich jemand mit einem Gewehr in der Hand vor ihm stand ...

Dann hatten sie die Hütte erreicht. Frank gab seinen Freunden mit einem Wink zu verstehen, dass sie warten sollten und schob sich ein Stück an der Holzwand entlang. Vorsichtig lugte er um die Ecke der Hütte.

Er glaubte seinen Augen nicht zu trauen. Ein in grüner Kluft gekleideter Mann stand neben der Umkleidekabine, die sie den Mädchen gebaut hatten – und neben ihm lagen zwei tote Kaninchen und ein Jagdgewehr.

Vor lauter Schreck riss Frank so hastig den Kopf zurück, dass er gegen einen vorstehenden Holzbalken donnerte. Er stieß einen unterdrückten Schmerzenslaut aus – und starrte direkt in die kalten Augen des Wilderers, der im gleichen Moment zu ihm herumgewirbelt war.

Der Wilderer griff nach seinem Gewehr und einen Herzschlag lang befürchtete Frank, er würde auf ihn schießen. Aber es kam anders.

Ohne ein Wort schnappte sich der Mann auch die beiden

toten Kaninchen und rannte mit ihnen auf den nahen Waldrand zu. Frank starrte ihm vollkommen fassungslos hinterher, bis er in das dichte Grün zwischen den Bäumen eintauchte und aus seinem Blickfeld verschwand.

Da kamen schon seine Freunde heran.

»Was ist los?«, schrie Guido.

Frank berichtete aufgeregt von seiner unheimlichen Begegnung.

»Aber es ist doch niemand zu sehen?«, meinte Karin verwirrt.

»Der Mann ist da drüben im Wald verschwunden.« Frank deutete mit zitternden Fingern auf den Waldrand. »Es war der Wilderer – ganz sicher!«

»Dann müssen wir ihn schnappen!«, schrie Jacki. »Sonst hat dieser Albtraum nie ein Ende.«

»Den kriegen wir nicht mehr«, meinte Guido besorgt. »Außerdem – ich hab nicht vor, mich mit irgendeinem schießwütigen Idioten anzulegen!«

»Wenn der Wilderer mit einem Wagen gekommen ist, könnten wir vielleicht sein Nummernschild aufschreiben«, stieß Luki hervor.

»Mann, Luki, du bist ein Genie«, strahlte Frank. »Ich glaube, ich weiß, wo der Typ hin will.«

»Und wohin?«

»Unten an der Abzweigung kann man am besten ein Auto unauffällig parken«, sagte Frank rasch. Er wirbelte zu Karin herum und wollte von ihr wissen: »Wie kommt man da am schnellsten hin?«

Das Mädchen schien sofort zu verstehen, was er meinte. »Quer durch den Wald. Komm mit.«

Im gleichen Moment rannte sie auch schon los. Frank musste sich beeilen, um mit ihr mitzuhalten. Ohne auf die aufgeregten Fragen ihrer Freunde zu achten, hetzten sie auf den Waldrand zu und schlängelten sich durch die dicht stehenden Fichten, die die Fußballwiese säumten.

Frank hatte im wahrsten Sinne des Wortes alle Hände voll zu tun, um sich vor den Zweigen zu schützen, die in sein Gesicht peitschten. Er ahnte, dass ihnen zumindest Guido und Jan folgen würden. Aber sie waren wohl nicht wütend genug, um sich mit der gleichen Geschwindigkeit durchs Unterholz zu kämpfen wie Karin und Frank.

»Wir kommen gleich auf einen Pfad«, keuchte das Mädchen. »Dann geht's schneller.«

Das konnte Frank nur hoffen. Denn im Augenblick stolperte er halbblind durch dichtstehende Bäume und Unterholz.

Wenn sie den Wilderer abfangen wollten, mussten sie sich beeilen. Der Mann musste mittlerweile schon einen ziemlichen Vorsprung haben. Aber wenn Franks Vermutung richtig war und er seinen Wagen in der Nähe der Abzweigung geparkt hatte, hatten sie noch eine Chance – ansonsten würden sie ihn sowieso nicht mehr schnappen.

Dann, endlich, hatten sie den Pfad erreicht, von dem Karin gesprochen hatte. Im Affentempo flitzten sie ihn bergab, in Richtung Weggabelung.

Als der Waldrand vor ihnen auftauchte, war das dröhnen-

de Geräusch eines startenden Dieselmotors zu hören. Frank holte das Letzte aus sich heraus, sprang auf den Weg – und sah einem blauen Geländewagen hinterher, der mit Vollgas den Berg hinuntersauste.

Der Wagen wirbelte eine riesige Schneewolke auf.

»Ich kann das Nummernschild nicht erkennen«, klagte Karin enttäuscht.

Frank kniff die Augen zusammen. Aber es half nichts. Das Nummernschild blieb unleserlich!

Der Fahrer trat auf die Bremse, um die nächste Kurve zu nehmen. Der Wagen schlingerte leicht und einen Moment lang sah es aus, als würde der Wilderer die Kontrolle über den Geländewagen verlieren. Doch dann hatte der Mann sein Fahrzeug wieder in der Gewalt, schaltete runter und jagte mit aufheulendem Motor um die Kurve.

Immerhin hatte die kurze Zwangspause genügt, damit Frank die Buchstaben und Ziffern des Nummernschildes lesen konnte. Mit zitternden Händen fischte er sein Handy aus der Jackentasche und drückte die Kurzwahltaste, unter der er seine eigene Rufnummer gespeichert hatte.

Gott sei Dank war sein Vater sofort am Telefon. »Papa, ich weiß jetzt, wer der Wilderer ist«, keuchte Frank. Aufgeregt gab er die Nummer des Geländewagens und die Beschreibung durch.

»Ihr macht Sachen«, sagte sein Vater erschüttert. »Aber keine Sorge: Ich rufe gleich die Polizei an. Und ihr rührt euch nicht von der Stelle bis ich da bin!«

Frank drehte sich erleichtert zu Karin um. Das Mädchen

lächelte ihn an, trat einen Schritt näher – und drückte ihm einen Kuss auf die Wange.

»Mensch, Frank, das war knapp«, seufzte sie.

»Jaaaa«, nickte Frank ganz versonnen und überglücklich. »Genau.«

»Aber das Schlimmste steht uns noch bevor: Das Spiel gegen Eberhard!«

KAPITEL 18

Damit sollte Karin Recht behalten. Die Polizei schnappte den »wandernden Wilderer« tatsächlich ganz schnell – mitsamt Tatwaffe und seiner letzten Jagdbeute. Der Mann war sofort geständig. Er gab auch zu, das Reh angeschossen zu haben, das nur durch den beherzten Einsatz der Coolen Kicker mit dem Leben davongekommen war.

Das wäre vielleicht ein Grund gewesen, sich endlich vom alten Wenzel eine tolle Party spendieren zu lassen – wenn da nicht noch zuvor eine Kleinigkeit zu erledigen gewesen wäre.

Das Spiel gegen Eberhard.

Es fand eine Woche später auf der Fußballwiese der Coolen Kicker statt. Wegen »Onkel Theos Glatzenstelle« – dem umgepflügten und damit kahlen Teil der Wiese – mussten sie tatsächlich zuvor noch die Tore „drehen", also versetzen. Das ging aber leichter als gedacht. Der Boden war aufgrund einer Warmwetterfront nicht mehr hart gefroren und Wenzel half mit Trecker und Arbeitsgerät, bis sie die Tore endlich auf ihren neuen Positionen fest verankert hatten.

Und dann war es so weit.

Es war wie der Aufmarsch der Gladiatoren. Die drei Coolen Kicker traten aus der Hütte heraus, bekleidet mit ihren eigenen Trikots und ausgestattet mit allem, was an Schutzkleidung für Fußballer angeboten wurde. Sie hatten

sogar Handschuhe an, wie sie sonst nur Torwarte trugen, und Wollmützen auf den Köpfen.

Schließlich konnte man bei Eberhard nie wissen. Ab und zu schien er Fußball mit einem Kampfsport wie Karate zu verwechseln.

»Ach, sie mal einer an«, sagte Eberhard abfällig. »Da kommen ja die Dumpfbacken vom FC Pfostenschuss.«

»Ne, ne«, kicherte Thomy. »Das sind doch die Stolperheinis vom Dynamo Eigentor.«

Frank war nicht willens, sich das gefallen zu lassen. »Ausgerechnet ihr Strampelhosenscheißer vom SV Hosenvoll müsst den Mund so voll nehmen.«

»Schluss mit dem Geschwafel«, sagte Perschke streng. »Beleidigungen sind genauso verboten wie Rempeleien und Fouls aller Art. Merkt euch das gefälligst!«

»Und das gilt für beide Seiten«, sagte Mark, während er Frank einen bösen Blick zuwarf.

Das konnte ja heiter werden!

Die beiden Mini-Mannschaften nahmen an der Mittellinie Aufstellung. »Also, ihr wisst Bescheid«, sagte Perschke. »Wir spielen zweimal fünfzehn Minuten. Wer anfängt, bestimmen wir mit einem Münzwurf.«

»Genau«, sagte Eberhard. Er holte eine Münze hervor und reichte sie Perschke. »Wie wär's mit dieser hier? Bei Zahl haben wir den Anstoß.«

Der alte Mann nahm die Münze und wollte sie schon in die Luft werfen. Doch dann zögerte er und betrachtete sie sich genauer.

»So geht das nicht!«, herrschte er Eberhard an. »Da sind ja auf beiden Seiten Zahlen drauf. Das ist Betrug! Eigentlich sollte ich deswegen euren Gegnern den Sieg zuerkennen.«

Mark schüttelte den Kopf. »Ich weiß was Besseres. Lassen Sie die Coolen Kicker anspielen. Das wird Eberhard eine Lehre sein.«

»Und außerdem ist es ganz egal«, winkte Eberhard großzügig ab. »Wir machen die drei Witzfiguren sowieso platt.«

Kaum war das Spiel angepfiffen, tobte der Kampf schon los. Es war vollkommen ungewohnt, dass Jan im Tor stand, während es Frank und Guido mit dem Schwergewicht Eberhard und seinem, zwar etwas unterbelichteten, aber dafür wieselflinken Freund Thomy aufnehmen mussten.

Die beiden Coolen Kicker boten alles auf, was sie in endlosen Trainingsstunden gelernt hatten: Dribblings, Kurzpässe und Finten. Aber gegen ihre beiden erbittert kämpfenden Gegner war kaum anzukommen.

Dann endlich hatten sie sich eine erstklassige Torchance erspielt. Frank jagte den Ball mit einem Steilpass zu Guido hinüber. Dieser fing ihn mit einer Grätsche ab und setzte ihn mit einem Drehschuss ins lange Eck.

Michael hatte keine Chance. Er flog dem Ball geradezu hinterher – und landete hinter ihm im Netz seines eigenen Tors! Karin, Jacki und Luki tobten vor Begeisterung.

»Klasse!«, schrie Frank und klopfte Guido übermütig auf die Schulter. Er hatte nicht damit gerechnet, dass sie so schnell in Führung gehen würden.

»Du Knalltüte«, fluchte Eberhard, als Michael den Ball zum Anspielen aufnahm. »Streng dich gefälligst ein bisschen mehr an. Sonst setzt es Saures.«

Der Torwart nahm das leider etwas allzu wörtlich. Da sie vereinbart hatten, dass nach einem Tor ohne Anstoß direkt weitergespielt werden konnte, nutzte er seine Chance. Er drosch den Ball so kraftvoll über das Spielfeld, dass er hoch über Frank und Guido auf ihr eigenes Tor zusauste.

»Jan«, brüllte Guido außer sich.

Aber da war es schon passiert: Der Ball sauste über Jan hinweg ins Netz. Die Mädchen und Luki schrien enttäuscht auf, während die Coolen Kicker mit offenen Mündern dastanden.

»Da seht ihr Halbaffen mal, wie das geht«, höhnte Eberhard. »Schon steht's 1 : 1.«

Jan schaute ganz betreten zu Boden. Aber es nützte nichts: Das Spiel ging weiter und schon nach wenigen Sekunden kämpften beide Seiten verbissen um jeden Ball. Diesmal konnten Eberhard und Thomy ein paar Torchancen herausspielen, bis es Frank schließlich zu bunt wurde. Er nahm Thomy geschickt den Ball ab und setzte zum Sturm aufs gegnerische Tor an.

Kampfmaschine Eberhard stellte sich ihm entgegen. Frank versuchte verzweifelt, Guido den Ball zuzuspielen, aber Eberhard ließ das nicht zu. Statt gegen den Ball zu treten, donnerte er seinen Schuh mit voller Wucht gegen Franks Knöchel.

Der Coole Kicker knickte ein und im nächsten Moment

hämmerte Eberhard den Ball auch schon an Jan vorbei ins Tor der Coolen Kicker.

Frank drehte sich verzweifelt zu Perschke um, aber der schien Eberhards Foul nicht bemerkt zu haben. Natürlich nicht. Denn er und Thomy waren Meister im unauffälligen Rempeln.

»2 : 1«, sagte Guido betreten. »Jetzt wird es Zeit, dass wir ein bisschen Gas geben.«

»Ganz genau!«, schrie Jan.

Er setzte alles auf eine Karte, spielte den Ball Guido zu und rannte dann aus dem Tor aufs Spielfeld, um direkt mit ins Geschehen einzugreifen.

Eberhard und Thomy wurden durch diesen Drei-Mann-Angriff vollkommen überrascht. Die Coolen Kicker spielten sich mit einer raschen Folge von Kurzpässen den Ball zu, bis ihn sich Jan zu einem Alleingang schnappte. Er sauste blitzschnell los, umspielte im Zickzack Thomy und hetzte am fassungslosen Eberhard vorbei.

Mit einem genau platzierten Spannschuss jagte er den Ball an Michael vorbei ins gegnerische Tor. Der Jubel ihrer Freunde rundete diesen verdienten Treffer ab. Doch es blieb ihnen keine Zeit zu langen Freudenbekundungen.

»Ab in dein Tor«, zischte Guido Jan zu. »Und pass auf, dass Mitchy dir nicht wieder ein Ding verbrät.«

Doch da pfiff Perschke schon zur Halbzeit. Die Viertelstunde war schneller vergangen, als sie geglaubt hatten. Trotzdem waren die Coolen Kicker vollkommen ausgepumpt.

»Passt bloß auf«, warnte sie Karin, als sie ihren Durst löschten. »Ich bin sicher, dass Eberhard noch eine Schweinerei vorhat!«

»Wenn der mich wieder foult, mach ich ihn platt«, drohte Frank.

Doch es kam anders. Eberhard hatte sich eine wahrhaft gemeine Taktik ausgedacht!

KAPITEL 19

In der zweiten Halbzeit mussten Perschke und Mark andauernd dazwischengehen, so erbittert kämpften die beiden Parteien gegeneinander.

»Immer noch 2 : 2«, zischte Guido Frank zu, nachdem sie schon ein paar Minuten gespielt hatten. »Wir müssen zusehen, dass wir jetzt in Führung gehen. Ich hab keinen Bock auf eine Verlängerung.«

Eberhard schien das ganz genauso zu sehen. Sein Gesicht verfinsterte sich, als Guido das runde Leder gegen ihr Tor donnerte. Aber Torwart Michael zeigte mal wieder, was er konnte. Er fischte den kraftvoll geschossenen Ball aus der Luft, als wäre das eine Kleinigkeit.

Als Michael den Ball in die Hände nahm, sah Frank, wie Eberhard Thomy kurz zunickte. Wenn das ein geheimes Zeichen war, würden sie sich geschnitten haben. Frank hatte nicht mehr vor, sich foulen zu lassen!

In der nächsten Sekunde hatte Michael schon Thomy den Ball zugespielt. Dieser wieselte daraufhin wie eine Comicfigur an Guido vorbei und auf Frank zu.

Der Coole Kicker konzentrierte sich ganz auf den Ball und darauf, dass er ihn seinem Gegner abnehmen wollte. In Gedanken sah er sich bereits mit dem runden Leder nach vorne stürmen, um den Führungstreffer zu erzielen.

Doch dazu kam es nicht. Einen halben Meter vor Frank ging Thomy plötzlich in die Knie und jaulte auf wie ein Hund, dem man auf den Schwanz getreten hatte.

Im nächsten Moment waren schon Perschke und Mark heran. Frank stand wie erstarrt da. Er war sich keiner Schuld bewusst – aber er ahnte, dass ihm das nicht viel nützen würde.

»Du Schwein«, keuchte Thomy, während er sich torkelnd hochstemmte. »Du hast mich voll in den Unterleib getreten.«

»Das stimmt doch gar nicht«, protestierte Frank. »Und außerdem hast du mich vorhin in den Magen geboxt.«

In Perschkes Gesicht zuckte es. »Frank, so geht das nicht. Wenn ihr so weitermacht, werde ich das Spiel abbrechen.«

»Genau«, nickte Eberhard. »Und dann ist alles wie vorher. Denn wenn ihr nicht fair spielen könnt, dann müssen wir auch nicht fair sein. Wir werden aufdecken, was ihr sonst noch alles im Verein angestellt habt!«

Frank spürte eine Welle heißen Zorns in sich aufsteigen. Das hatte nichts mehr mit Fußballspielen zu tun, sondern war nur gemein.

Er stieß sich ab und jagte auf Eberhard zu. »Ich mach dich platt«, schrie er außer sich. »Ich zerquetsch dich wie eine Wanze!«

Eberhard wartete, bis er fast heran war. Dann steppte er zur Seite und streckte ein Bein vor. Frank war so schnell und so blind vor Wut, dass er nicht mehr rechtzeitig abstoppen konnte.

Er stolperte über Eberhards Fuß und schlug lang hin. Sein

Gesicht schlug im kühlen Gras auf. Als er den Mund aufriss, um seine Wut herauszubrüllen, schluckte er Schmutz und Dreck.

»Sehen Sie, Herr Perschke?«, hörte er Eberhards Stimme über sich. »So ist das jedes Mal. Wir tun eigentlich gar nichts. Aber diese Coolen Kicker: Erst foulen sie uns, dann stolpern sie – und am Ende schieben sie uns die Schuld in die Schuhe!«

Es gab einen Elfmeter. Frank hatte Jan im Tor ablösen wollen, aber seine beiden Freunde hatten ihn davor zurückgehalten. »Mach nur keinen Mist«, zischte Guido, während er ihn mit sich hinter den Elfmeterpunkt zerrte.

Es wurde mucksmäuschenstill. Jan stand im Tor wie ein Gorilla auf Brautschau. Trotz des kalten Wetters tropften dicke Schweißtropfen von seiner Stirn.

Es war natürlich Eberhard, der den Elfmeter ausführen wollte. Er grinste so siegessicher, als hätte er das 3 : 2 schon in der Tasche.

»Halt, stopp!«, schrie Jan plötzlich. »Ich will beim Elfmeter nicht im Tor stehen.«

»Dann verschwinde doch«, grinste Eberhard. »Ein Tor ohne Torwart ist mir auch lieber.«

»Das könnte dir so passen!«, brüllte Frank außer sich vor Wut.

Er stürmte auf das Tor zu und schubste Jan beiseite. »Jetzt kannste sehen, ob du den blöden Ball reinbringst. Ich werde es dir jedenfalls nicht leicht machen.«

»Hört mal, das geht aber nicht, dass ihr jetzt noch den Torwart wechselt«, begehrte Mark auf.

»Vor allen Dingen solltet ihr sehr genau überlegen, wer von euch sich zutraut, einen Elfmeter zu halten«, ergänzte Perschke besorgt.

»Ich halte d-i-e-s-e-n Elfmeter.« Frank war ganz außer sich.

»Danach bleiben euch nur noch drei Spielminuten«, sagte Perschke nach einem Blick auf die Uhr. »Überlegt es euch also gut, wer im Tor steht.«

Guido und Jan wechselten einen Blick. Dann sahen sie zu Frank hinüber, der wie ein leibhaftig gewordener Wutanfall im Tor stand.

»Da lässt sich jetzt sowieso nichts mehr ändern«, sagte Guido ergeben.

»Na schön, von mir aus«, gab auch Mark nach.

Dann ging alles ganz schnell. Eberhard nahm Anlauf. Frank versuchte gleichzeitig ihn und den Ball im Auge zu behalten. Es war wie das Duell von zwei Revolverhelden. Alles spitzte sich auf den entscheidenden Moment zu, in dem Eberhard sich endgültig entschied, in welche Torecke er zielen würde.

Rechts oder links – das war die Frage. Frank war kein guter Torwart. Er hatte nicht dieses fast schon unglaubliche Gespür wie Michael, der immer schon im Voraus zu wissen schien, welchen Weg der auf ihn zusausende Ball nehmen würde.

Aber hatte der nicht mal gesagt, dass er beim Elfmeter-

schießen im Auge des Gegners erkannte, in welche Torecke der zielen wollte?

Franks Blick biss sich geradezu in Eberhards Augen fest. Er las darin Entschlossenheit. Aber als der kräftige Junge losstürmte, funkelte da auch noch etwas anderes. Es war ein kurzes Aufblitzen nach links, nur für einen ganz flüchtigen Augenblick, aber trotzdem ...

Frank ahnte, dass er alles auf eine Karte setzen musste. Wenn er sich nicht vorher für eine Torhälfte entschied, würde es schief gehen – aber erst recht, wenn er sich für die falsche Hälfte entschied.

Dann sauste der Ball mit der Kraft einer Kanonenkugel los. Frank stieß sich in die rechte Ecke ab. Er erwischte den Ball im letzten Moment. Sofort pfefferte er ihn in Guidos Richtung.

Sein Freund nahm den Ball geschickt an, spielte ihn mit einem kräftigen Schuss weiter zu Jan – und dieser knallte das runde Leder mit einem sauberen Kick direkt unter dem Pfosten ins gegnerische Netz.

3 : 2! Als Perschke zwei Minuten später abpfiff, fielen sich die Coolen Kicker und ihre Freunde in die Arme.

»Gut gemacht«, lachte Karin, als sie Frank fest an sich drückte. »Ich dachte schon, du würdest es nicht schaffen!«

Frank spürte, dass er knallrot wurde. »Ich hoffe ... ja nur, dass sich Eberhard ... an sein Versprechen halten wird«, stotterte er.

Es gefiel ihm unheimlich gut, dass ihn Karin noch einmal fest drückte, bevor sie ihn losließ.

Was ihm weniger gefiel war das Grinsen, mit dem Eberhard den Siegestaumel der Coolen Kicker beobachtete. Es sah so gar nicht nach dem traurigen Lächeln eines Verlierers aus. Eher nach dem hämischen Grinsen eines abgrundtief verlogenen Jungen, der sich schon wieder die nächste Gemeinheit ausdachte. Ob er etwa immer noch vorhatte, den Coolen Kickern das Fußballspielen zu verleiden?

Frank befürchtete es fast. Und das hieß: Der Kampf gegen Eberhard und Thomy würde weitergehen!

TOOR!!